Volksdeutsche Soldaten unter Polens Fahnen

Volksdeutsche Soldaten unter Polens Fahnen

Tatsachenberichte von der anderen Front aus dem Feldzug der 18 Tage

Dr. Kurt Lück (Hg.)

8 paws ⊕
an army
The Scriptorium

Erstauflage: Kurt Lück, Hg., *Volksdeutsche Soldaten unter Polens Fahnen: Tatsachenberichte von der anderen Front aus dem Feldzug der 18 Tage,* Verlag Grenze und Ausland, Berlin, © 1940.

Nachdruck ©2006, 2024 by The Scriptorium, Kanada.

wintersonnenwende.com
versandbuchhandelscriptorium.com

Unser Einband zeigt marschierende polnische Infanterie, ein Foto aus dem Buch *Bitwy Polskiego Wrzesnia* von Apoloniusz Zawilski, Warschau: Nasza Ksiegarnia, 1972, bei Wikimedia.org als Aufnahme a. d. J. 1939 ausgewiesen.

Print edition ISBN 978-1-998785-10-0
ebook ISBN 978-1-998785-11-7

Anm. d. Verlags: bitte entschuldigen Sie die oftmals falsche Silbentrennung am Zeilenumbruch. Die Buchdrucksoftware, mit dem dieses Buch hergestellt wird, setzt diese Trennstriche automatisch ein und manuelle Korrekturen sind fast unmöglich.

CONTENTS ▌

CONTENTS

Widmung

Dem volksdeutschen Kämpfer
Albert Breyer zum Gedächtnis
anläßlich der ihm zuerkannten
nachträglichen Verleihung des Coppernikus-Preises
der Johann-Wolfgang-Goethe-Stiftung
in Posen am 14. 4. 1940

Wir widmen dieses Buch unserem Kameraden, Rektor Albert Breyer, der in den Septembertagen 1939 als Reserveleutnant des polnischen Heeres von einer deutschen Fliegerbombe schwer verwundet wurde und am 11. 9. in einem Warschauer Lazarett verstarb.

Am 2. 1. 1889 in Zyrardów bei Warschau geboren, arbeitete er später als Lehrer unermüdlich und mit glühender Liebe an der Erhaltung des Deutschtums in seiner Heimat. Als Schulmann, Publizist und Heimatforscher stand er in der vordersten Reihe unserer politischen Front, so daß ihm die Polen einmal in Zgierz und ein zweites Mal in Sompolno die Lehrerlaubnis entzogen, ihn vor Gericht brachten und brotlos machten. Alles das konnte jedoch seine Bereitschaft zum Einsatz nicht erschüttern. Als er dann die erste große Karte der deutschen Siedlungen im ehemaligen Mittelpolen herausbrachte, steigerte sich der Haß der polnischen Behörden gegen ihn noch mehr. Im August 1939 warfen sie ihn zum drittenmal, diesmal in Posen, aus seiner Arbeitsstätte.

So ist es eine besondere Tragik, daß gerade dieser Mann als Fünfzigjähriger den polnischen Offiziersrock anzuziehen gezwungen war, um bald darauf von deutschen Waffen den Tod zu finden.

Die letzten Worte, die er an seine Angehörigen richtete, lauteten: "Sollte man mich zwingen, auf meine Brüder zu schießen, dann wünschte ich, mich träfe vorher eine deutsche Kugel." Dieser Wunsch ist ihm in Erfüllung gegangen.

Der Name Albert Breyer sei in Zukunft ein Sinnbild für die Tausende, die als Volksdeutsche im letzten Kriege zwangsweise unter Polens Fahnen marschierten und entweder verwundet heimkehrten, deutschen Kugeln zum Opfer fielen oder zumeist von ihrer eigenen polnischen Truppe niedergeschossen wurden. Über 5.400 volksdeutsche Soldaten sind als vermißt registriert. Es ist herrlich, für sein Vaterland zu kämpfen und zu bluten, ein Fluch aber ist es, zwangsweise die Waffe gegen die eigenen Brüder und für einen Staat von Unterdrückern erheben zu müssen, und für ihn zu sterben.

Und doch behält der Tod Albert Breyers und der vielen anderen dann einen hohen Sinn und Wert, wenn unser Grenzlanddeutschtum ihn nicht vergißt, und kommende Geschlechter daraus mit harter Entschlossenheit die Folgerung und Lehre ziehen: "Nie mehr wieder!"

Für diesen Gedanken werbe unser Buch!

Es ist aus den Reihen des Posener Selbstschutzes entstanden, den nach der Befreiung des Warthelandes SS-Führer organisierten. Heute marschieren die meisten Einsender der diesem Buche zugrunde liegenden Berichte in den Schutzstaffeln des neuen Reichsgaues. Hart gemacht durch ihre Erlebnisse im Heere des polnischen Unterdrückers, stehen sie jetzt doppelt einsatzbereit, die Heimat zu schützen und die Freiheit zu wahren.

Posen, Reichsgau Wartheland, im März 1940.

Bruder gegen Bruder

Einführung von Kurt Lück, Posen

Deutsche Soldaten haben in den Reihen des polnischen Heeres mitgekämpft, solange es überhaupt ein Polen gegeben hat. Im frühen Mittelalter standen sie als Lehnsleute slawischer Fürsten nicht selten gegen ihren eigenen Kaiser. Deutsche Edelleute erhielten große Begüterungen als Lohn dafür, daß sie 1410 bei Tannenberg-Grunwald tapfer gegen die Ordensritter kämpften. Und Polens Kriegführung gegen den Osten ist ohne Beteiligung deutscher Rüstungshandwerker, Festungsbauer, Offiziere und Söldner geradezu undenkbar. Sogar Henryk Sienkiewicz, ein verbissener Deutschenfeind, hat in seinem Roman *Mit Feuer und Schwert* die Haltung der deutschen Söldnertruppen anerkannt. Die wenigsten Polen und Deutschen dürften wissen, daß einer der ersten Träger des hohen polnischen Kriegsordens Virtuti Militari ein Deutscher aus Danzig, der Ingenieur Ludwig Metzel, war, der ihn 1792 von König Stanislaus August erhielt. (Vgl. *Enc. Powsz. Ilustr.* Bd. LV, Warschau 1910 unter M.)

Mag in früheren Jahrhunderten angesichts der stammlichen und politischen Zersplitterung des Reiches der Kampf Deutscher gegen Deutsche von dem einzelnen nicht als Gewissensnot empfunden worden sein, so mußte er in unserem Zeitalter eines hochentwickelten Volksbewußtseins die wehrfähigen Deutschen in Polen vor die schwersten Entscheidungen stellen. Sie alle waren Nationalsozialisten, fühlten sich unterdrückt, entrechtet und hofften auf die Befreiung aus einer unerträglichen Lage. Dennoch blieb ihnen als Untertanen des polnischen Staates nichts anderes übrig, als dem Mobilmachungsbefehl Folge zu leisten. Jede Weigerung hätte den Tod bedeutet.

Aus mehreren Gründen habe ich alle lebend zurückgekehrten Kameraden nach Abschluß des Kriegs durch Zeitung und Rundfunk aufgefordert, mir Erlebnisberichte einzusenden. Sie kamen in so großer Zahl, daß ich in diesem Buche nur einige bringen kann. Das Lesen aller Berichte gibt aber einen so erschütternden Überblick über die Geschehnisse, daß ich sie wenigstens inhaltsweise wiedergeben will.

Morde an volksdeutschen Soldaten

Bemerkenswert ist, daß in allen Aufzeichnungen nicht ein einziges Mal von Sabotageakten die Rede ist. Die Volksdeutschen hatten einen oder mehrere Aufpasser und konnten daher an derartige Dinge gar nicht denken. In manchen Garnisonen sonderten die Polen sie sofort aus, gaben ihnen keine Uniform, sondern schoben sie unter militärischer Bewachung nach Osten ab, wo sie dann angeblich verwendet werden sollten und tatsächlich auch noch verwendet wurden. Ob die Militärbehörden bei dieser Maßnahme dunkle Hintergedanken hatten, steht nicht fest. Tatsache ist jedenfalls, daß gerade diese Maßnahme unzähligen Deutschen zum Verhängnis geworden ist. Auf der Flucht gerieten die polnischen Truppenverbände nämlich aus- und durcheinander. Feldpolizei und Offiziere griffen oft zur Waffe, um Ordnung zu schaffen. Dabei stießen sie natürlich auch immer wieder auf abgesprengte volksdeutsche Soldaten dieser nach Osten abgeschobenen Trupps, hielten sie für Spione oder Deserteure und knallten sie ohne Umstände einfach nieder. Oft beherrschten die Deutschen die polnische Sprache nur mangelhaft und fielen gerade dadurch am meisten auf. Außerdem hatte man die polnischen Soldaten derart aufgehetzt, daß sie ihre deutschen "Kameraden" oft beschimpften, bedrohten und schlugen, auch wenn diese regelrecht eingekleidet waren und ihre Pflicht erfüllten. Einer der Volksdeutschen, ein Jungbauer Willy Kliem aus Tomnitz (Kr. Krotoschin), hielt dies alles nicht länger aus, sprang aus dem fahrenden Zuge und schlug sich zu Tode. Ein zweiter, der junge Landwirt Georg Grunow aus Groddeck (Westpr.) wurde, obwohl er schon eingekleidet war, von den polnischen Soldaten mit dem Tode bedroht und ohne jede Veranlassung als Spion für verhaftet erklärt. Da er befürchten mußte, seinen Bestimmungsort nicht lebend zu erreichen, sprang auch er aus dem fahrenden Zuge, rannte zur Weichsel, schwamm durch den Strom und rettete sich auf diese Weise. Zu Ewald Schulz (Roneck b. Hohensalza) sagte ein Offizier: "Wart' du Satan, die erste Kugel gehört dir." In seinem Berichte heißt es weiter: "Wer als Deutscher in unserer Truppe erkannt war, konnte seines Lebens nicht mehr sicher sein. Beherrschte er die polnische Sprache, dann floh er zu einer anderen Kompanie, bis er auch dort durch seinen Namen als Deutscher auffiel. Dann ging die Jagd von neuem los."

Die Deutschen mußten daher alle möglichen Mittel anwenden, um der Ermordung zu entgehen. Sie warfen ihre Militärpapiere weg und legten sich polnische Namen zu, besorgten sich Soldbücher gefallener Polen usw. Auch riefen sie sich gegenseitig mit polnischen Vornamen, um nicht aufzufallen. Richard[?] Ruge (Urbanshof, Kr. Obornik), der gut polnisch spricht, gab sich als Pole aus. Als ihn sein Offizier fragte, ob er ein Verwandter des polnischen Posener Stadtpräsidenten Ruge sei, bejahte er dies und sicherte sich durch diese Notlüge eine gute Behandlung. Otto Herrmann (Trebisfelde, Kr. Kulm) antwortete einem Batterieführer auf eine ähnliche Frage: "Ich bin ein Pole." - "Dein Glück", sagte der polnische Offizier, "wenn du ein Schwab wärst, hätte ich dich hier am nächsten Baum aufhängen lassen." Johann Kurzitza (Kattowitz) berichtet, daß in Radom die Mobilmachungskarten geprüft wurden, ob sie rote oder schwarze Stempel hatten. Die Deutschen, auch er, hatten schwarze und wurden sofort ausgesondert und abtransportiert, wohin, das hat er nie erfahren. Er selbst konnte seine Karte noch rechtzeitig vernichten. Der Feldwebel Wilhelm Klinksiek (Posen) erweckte in seiner Extrauniform, dank seiner ausgezeichneten polnischen Sprachkenntnisse, den Eindruck bei den Offizieren, er sei ein Pole. Man drückte ihm eine Militärpistole in die Hand, mit der Weisung, 120 volksdeutsche Soldaten nach Slesin zu eskortieren und erteilte ihm den Befehl, jeden fußkrank oder erschöpft Zurückbleibenden sofort zu erschießen. Da nachher tatsächlich viele fußkrank waren und zwar infolge des jeder Beschreibung spottenden polnischen Schuhwerks, hat die kluge Taktik Klinksieks vielen das Leben gerettet. Was nämlich ein polnischer Vorgesetzter in solchem Falle getan hätte, beweist folgender, durch eidesstattliche Aussage belegter Fall:

Adolf Günther (Posen) sah mit eigenen Augen, wie ein polnischer Hauptmann drei volksdeutsche Soldaten, Oberschlesier, erschoß, weil sie mit ihren wundgelaufenen Füßen auf einer Chaussee im Lubliner Lande den Eilmarsch nicht mehr aushielten und sich auf den Rand des Straßengrabens gesetzt hatten, um auszuruhen.

Die *Deutsche Lodscher Zeitung* vom 27. 9. 1939 berichtet: "In Konstantynow fand in der vergangenen Woche die Bestattung des 33jährigen Teodor Kulisch statt, der als Reservist von der polnischen Heeresleitung einberufen worden war. In Strykow trank Kulisch an einem Brunnen Wasser, als ein polnischer Offizier hinzukam, um gleichfalls seinen Durst zu stillen. Als dieser aber bemerkte, daß ein Deutscher hier vor ihm trank, geriet er derart in Wut, daß er Kulisch mit einem Stich ins Genick niederstreckte. Kulisch war sofort tot."

Der Hauptschriftleiter Adolf Kargel der ehemaligen Lodscher Freien Presse hat uns unter Eid den Bericht eines volksdeutschen Soldaten aus Konstantynow wiedergegeben. In dessen Truppe wurden alle Deutschen herausgesucht, an einen Strohschober gestellt und erschossen. Er selbst hatte sich das Soldbuch eines polnischen Soldaten besorgt und kam als einziger mit dem Leben davon.

Am Rande der Staatswälder von Goluchow, nicht weit von der Straße Jezow-Rawa, wurden zusammen mit 20 ermordeten volksdeutschen Zivilisten auch ein "polnischer" Offizier, Eugen Lenk, ausgegraben. Wie die umwohnende Bevölkerung erzählte, soll Lenk sich geweigert haben, die Zivilisten zu erschießen, wofür ihn dann andere gleich miterschossen! Als diese Nachricht in der Deutschen Lodscher Zeitung erschien, meldete sich beim Schriftleiter Kargel ein Verwandter dieses Lenk, erklärte, jener sei tatsächlich als Offizier eingezogen gewesen und seitdem spurlos verschwunden. Auch hierüber liegt uns eine eidesstattliche Erklärung vor.

Der Volksdeutsche Josef Rastelli, ehem. Vizewachtmeister im poln. 5. Panzerbataillon in Krakau, (jetzt in Kattowitz), erklärt an Eidesstatt folgendes:

In Myślenice war er am 6. 9. 1939 Zeuge, wie in einem Gasthaus zwei volksdeutsche Reservisten ein Glas Bier tranken. Einer verabschiedete sich von dem andern in deutscher Sprache, was anwesende Polen hörten. Sie fielen sofort über den Zurückgebliebenen her, schlugen ihn unmenschlich. Als sich Rastelli für ihn einsetzen wollte, brüllte ihn ein polnischer Oberleutnant an: "Lassen Sie die Finger von dem deutschen Schwein, sonst kann es ihnen auch so gehen." Der übel zugerichtete deutsche "Spion" wurde dann zum Schluß von einem Polizisten niedergeknallt und auf einer Wiese, unweit der Gaststätte, hinter einer Wassermühle vergraben. Rastelli wartete dann vor dem Gasthause die Rückkehr des zweiten, aus Königshütte stammenden Deutschen ab, und warnte ihn. Mit Tränen in den Augen und kurzen Dankesworten machte dieser sich dann eilig davon.

Paul Frey (Königshütte, Gutenbergstr. 14) war in der Nähe von Lemberg in dem allgemeinen Wirrwarr von seiner Kompanie abgekommen. Da infolge der deutschen Luftangriffe nur nachts marschiert wurde, konnte das leicht geschehen, und es geschah bei polnischen Soldaten genau so. Als Frey in schlechtem Polnisch bei einer fremden Formation nach seiner Truppe fragte, ergriff man ihn als Spion, versetzte ihm einige Bajonettstiche und schlug ihn so stark auf den Kopf, daß er die Besinnung verlor. Die Polen fesselten ihm Hände und Füße und warfen ihm auf einen Wagen. Ein überraschender deutscher Angriff brachte ihm die Befreiung. Frey schließt seinen Bericht: "Was aus mir geworden, wenn Polen geblieben wäre, das weiß Gott allein."

Paul Gansel (Bielitz, Schießhausstr. 15) schildert als Augenzeuge, wie hinter Brest-Litowsk zwei deutsche "Spione" an einen Baum gebunden, mit Benzin begossen und angezündet wurden. Sie verstarben nach einer Stunde unter unsäglichen Qualen.

Frau Linda Teobald, geb. Bayer, aus Andrzejow b. Lodsch (Rokocinska 48), gibt an, ihr Mann, Oskar Teobald, sei in Lodsch am 1. 9. 1939 als Fliegerabwehrsoldat von seinen polnischen Kollegen mit Messern gestochen und aus dem Fenster der Kaserne geworfen worden, wobei er den Tod fand. Die Grabstätte ihres Mannes ist ihr bekannt, da sie schon am 2. 9. Kenntnis von dessen Ermordung erhielt. Teobald hinterläßt vier kleine Kinder.

Der Volksdeutsche Georg Demarczyk (Neudeck, Kr. Tarnowitz) vom 12. Inf.-Rgt. (Wadowitz) war ohne jeden Grund als "deutscher Spion" verschrien und wurde ohne ein Standgericht zum Tode verurteilt. Kurz vor der Vollstreckung des Urteils konnte er entfliehen und entging so dem sicheren Tode.

Franz Styllok (Kostow, Kr. Pleß, Imialinerstr. 72) schildert, wie zwei polnische Feldpolizisten seinen oberschlesischen Kameraden, der wegen eines lahmen Fußes ordnungsgemäß als dienstunfähig entlassen worden war, bei Roszki als "Deserteur" niederschossen.

Ernst Schendel (Kamke, Kr. Kolmar) machte als noch nicht eingegliederter Reservist mit zahlreichen anderen Volksdeutschen den Rückzug der polnischen Truppen aus Thorn mit. Da sie alle schlecht polnisch sprachen, griff sie die Feldpolizei auf und erklärte ihnen sofort, sie würden als "deutsche Spione" erschossen werden. Sie verdanken es besonderen Umständen, daß sie diesem Los entgingen.

Volksdeutsche Soldaten mußten sich ganz besonders davor hüten, allein zu gehen, denn das bedeutete meist den Tod. Elfried Franz (Gr. Sibsan, Kr. Schwetz), der als Thorner Sanitäter den Feldzug mitmachte, hat erlebt, daß ein polnischer Offizier drei solche versprengte volksdeutsche Soldaten erschoß, und vermutet, daß es vielen anderen genau so ergangen ist.

Otto Keßler (Deutschwalde, Kr. Hohensalza), polnischer Infanterist, stand schon an der Wand, um erschossen zu werden. Im letzten Augenblick trat sein polnischer Unteroffizier dazwischen und ließ es nicht zu.

Alle diese Verbrechen können nur durch die schon pathologisch gewordene Spionenfurcht und durch die von Kriegsausbruch betriebene hemmungslose Deutschenhetze erklärt werden. Es gibt wohl kaum einen von den Zehntausenden volksdeutschen Soldaten, der nicht mindestens einmal die Schlagworte *"Niemcy pod mur"* (Die Deutschen an die Wand) gehört hätte. Der Unteroffizier Paul Sültemeyer (Posen) vernahm bei seiner Truppe in Gnesen, es müsse ein "heiliger Befehl" kommen, alle Deutschen im Regiment zu erschießen. Ihm selbst riefen immer wieder haßerfüllte polnische Soldaten sein Todesurteil zu.

Leutnant Ernst Weiß (Jarotschin), Sanitäter, galt in seiner Truppe als verdächtig und befand sich deshalb oft in der heikelsten Lage.

In anderen Regimentern ging die Parole um: "Wir kämpfen nicht nur gegen die Wehrmacht Hitlers, sondern auch gegen die Deutschen in unseren Reihen." War es da ein Wunder, daß die polnischen Soldaten mit wenigen Ausnahmen jeden Maßstab für Recht und Menschlichkeit verloren?

Friedrich Pankratz (Thorn) stellte sich als Ersatzreservist, wurde mehrmals als Spion verhaftet, einmal von einem mitleidigen Polen laufen gelassen, ein zweites Mal beim Abtransport durch Kopfstreif- schuß und Bauchschuß verwundet.

Über die Ermordung volksdeutscher Soldaten im polnischen Heere berichtet auch Friedrich Roskamp (Kulmsee, Kulmerstr 14), ferner über die Massenabschlachtung deutscher Zivilisten. "Eigentlich geht es kaum zu beschreiben", erklärt Roskamp, "denn jede kleine Erinnerung geht einem wie ein kalter Wind durch die Glieder."

"Am 10. 9. abends um 7 Uhr wurden", so schildert Helmut Pavel aus Alt-Boyen, "alle Gefreiten und Unteroffiziere unseres Bataillons zum Appell befohlen. Ich war unter ihnen der einzige Deutsche und als solcher unerkannt. Da sagten uns die Offiziere, wir sollten alle Deutschen in unserer Truppe erschießen, da diese Hunde angeblich alles verrieten. Alle stimmten dem begeistert zu. Ich mußte mich schnellstens durch die Flucht retten. Ob nachher noch Deutsche erschossen worden sind, entzieht sich meiner Kenntnis." Pavel hatte sich in Posen bei dem Inf.-Rgt. 57 gestellt.

Paul Ludwig (Alt-Boyen, Kr. Kosten) machte den Krieg mit und kam bis vor Lemberg. Wie bei vielen anderen, so ist auch bei ihm der Name des Truppenteils schwer zu bestimmen, da in dem allgemein herrschenden Wirrwarr und dem Auflösungsprozeß alles x-mal umgruppiert oder neugebildet wurde. Nachdem er schon schwere Kämpfe mitgemacht hatte, verhaftete man ihn bei Jaroslau plötzlich als "Spion", zusammen mit zwei Deutschoberschlesiern, mißhandelte sie unmenschlich und sperrte sie bis zum Erschießen in einen Eisenbahnwaggon ein, aus dem die deutsche Wehrmacht sie noch rechtzeitig befreite.

Wilhelm Peter (Hirschdorf, Kr. Schrimm) erfuhr in Warschau als Angehöriger des Inf.-Rgt. 57, daß die Polen viele volksdeutsche Soldaten erschossen hätten.

Am 10. 9. wurden in Kutno 21 militärpflichtige Deutsche, die sich dort beim Bezirkskommando gestellt hatten, ohne jede Beschuldigung erschossen. Da einer von ihnen, Kloke aus Rackwitz, schwerverwundet entkam, weil die Mörder ihn für tot gehalten hatten, kam die unglaubliche Bestialität ans Tageslicht. Die Toten, darunter Schwerdtfeger, Machatschek, Lubnau aus Posen, Lange aus Neutomischel, wurden später ausgegraben und zum Teil in Posen auf dem Ehrenhain beigesetzt.

Was wir hier an Beispielen brachten, genügt, um den Gesamtvorgang zu kennzeichnen. Wenn man bedenkt, daß der größte Teil der Wehrpflichtigen einer Volksgruppe von 1.200.000 Köpfen diese Hölle durchmachen mußte, und das waren nicht Hunderte, sondern Zehntausende, dann wird man auch den Umfang dieses an volksdeutschen Soldaten verübten Massenmordes ermessen. Leider ist den Toten selbst der Mund verschlossen, und wir können daher bei den meisten kaum feststellen, ob sie von einer deutschen oder polnischen Kugel gefallen sind. Reden können nur die zufälligen Augenzeugen, die Morde gesehen oder selber Mordanschlägen entkommen sind. Es ist in allen Berichten gerecht anerkannt, daß auch vereinzelte Polen und ganze Truppenteile die Scheußlichkeiten verurteilten. Doch konnten einzelne der Massenpsychose gegenüber selten etwas ausrichten. Sie gefährdeten sich dabei selber.

Miterlebte Morde an volksdeutschen Zivilisten

Die in der Geschichte aller Zonen und Zeiten einzig dastehenden Massenmorde an volksdeutschen Zivilisten, an Frauen, Kindern und Greisen sind bereits in zahlreichen Veröffentlichungen beschrieben worden. Uns interessiert hier nur die Tatsache, daß in zahllosen Fällen unsere volksdeutschen Soldaten ohnmächtige Zeugen dieser Scheußlichkeiten sein mußten. War schon die Gefahr, jederzeit von vorn oder oben eine deutsche und von hinten eine polnische Kugel zu kriegen, und das Gefühl, auf der falschen Seite der Front stehen zu müssen, ein grausames Schicksal, so steigerte sich das alles zu einer unvorstellbaren Spannung beim Miterleben der an volksdeutschen Zivilisten verübten Greueltaten.

Ganz gleich, ob deutsche Flieger Bomben warfen, deutsche Artillerie schoß oder in Hunderten von Fällen die polnische Organisation nicht klappte, immer suchten sich dann die Polen, um ihre Wut und Enttäuschung abzuladen, einen volksdeutschen Prügelknaben. Der Pole geriet schnell in Aufregung. Er sah deshalb oft Gespenster, schoß auf eigene Truppen und eigene Flugzeuge usw. Natürlich mußte auch dann der erste beste Volksdeutsche, dessen man habhaft wurde, mit seinem Leben dafür büßen.

Wie die Einstellung des polnischen Offizierskorps zu diesen Dingen aussah, schildert der Reserveleutnant Heinz Kottke (Lauterbach bei Pudewitz). Noch vor Ausbruch des Krieges erklärte ein Fähnrich während eines Frühstücks in der Gnesener Offiziersmesse, die Polen müssten nach Überschreiten der deutschen Grenze sogar die Kinder in den Wiegen totschlagen und das deutsche Volk ausrotten. Alle anwesenden höheren Offiziere billigten diese Auffassung ohne Einschränkung. Kein Wunder also, wenn nachher Dinge passierten, für die Begriffe wie Grauenhaftigkeit, Scheußlichkeit, Greuel usw. viel zu schwach sind. Traf das zurückziehende Militär doch auf allen Straßen Trupps internierter deutscher Zivilisten, die die Polizei nach Osten trieb.

Der Volksdeutsche Franz Styllok, Soldat des Inf.-Rgt. 23 in Wladimir Wolynsk, wohnhaft in Kostow (Kr. Pleß) schildert, wie er am 14. 9. 1939 in Cholm (Woiw. Lublin) die Erschießung von ungefähr 100 deutschen Zivilisten, darunter Frauen und Kinder bis zu 1 Jahre, mit ansah. Das Massengrab soll sich bei der Cholmer Vorstadt Nowiny befinden. Es wurden Menschen mit verscharrt, die noch lebten. Die Erschießung nahmen Polizisten und Gefängnisaufseher vor. Die Angaben Stylloks sind inzwischen durch weitere Feststellungen bestätig worden.

Ergreifend schildert der Unteroffizier Paul Sültemeyer, wie er in der polnischen Truppe, zusammen mit anderen volksdeutschen Soldaten, auf einer kongreßpolnischen Straße marschierte:

"Ein unsagbar trauriges Bild bot sich uns während des Marsches. In langen Kolonnen standen internierte deutsche Zivilisten, Männer, Frauen und Kinder, Knaben und Mädchen, oft nur notdürftig bekleidet, mit zerfetztem Schuhwerk oder barfuß, verdreckt und todmüde am Wege. Von Polizisten und halbwüchsigen Burschen wurden sie bewacht. Unsere vorbeiziehende Truppe gab ihrem Haß durch gemeine Beschimpfungen und brutale Mißhandlungen Ausdruck. Ich hätte am liebsten mit dem Kolben auf diese Bestien losschlagen mögen. Aber ich hätte damit ja die Lage nur noch verschlimmert. Mir und meinen volksdeutschen Kameraden blutete das Herz, und Tränen der Wut kamen uns in die Augen. Da standen nun die Wehrlosen, zum Teil mit Drähten, Stricken oder Fesseln aneinandergekettet und mußten, ohne sich zu rühren, Kolben- und Stockschläge, Fußtritte und Steinwürfe erdulden. Ich dachte sogleich an meinen Vater, der ja auch dabei sein mußte, suchte ihn lange, aber fand ihn wohl infolge der anbrechenden Dunkelheit nirgends. Am nächsten Morgen lagen Wege und Felder voller Leichen dieser volksdeutschen Internierten. Und ich trug die Uniform dieser Mörderbande! Das Blut stieg mir bei dem Anblick zu Kopfe. Erst nach dem Kriege erfuhr ich, daß tatsächlich auch mein internierter Vater in jener Gegend ermordet wurde..."

Augenzeuge einer viehischen Mordtat wurde auch der schon einmal erwähnte Herbert[?] Ruge, der bei den Polen als einer der ihren galt. Hinter Kutno hielt seine MG.-Kompanie einen des Weges kommenden deutschen Greis an. Man verhaftete den Alten und ließ ihn neben dem MG.-Wagen, auf dem Ruge saß, herlaufen, was er keuchend und weinend tat. Ein Soldat trieb ihn von oben her immer mit dem Kolben an und mißhandelte ihn. Als Ruge anregte, den Greis doch laufen zu lassen, statt ihn zu quälen, beschimpfte man ihn, daß er "dem deutschen Schwein" helfen wolle. Nach 3½ Stunden Marsch war der Alte am Ende seiner Kräfte. Nun führte ihn der Soldat an einen See, band ihm die Hände auf dem Rücken zusammen und während noch der kniende Greis laut das Vaterunser betete, hielt der Mörder ihm das Gewehr an die Schläfe und drückte ab. Dann band er einen Stein an der Leiche fest und warf sie in den See. Ruge schreibt: "Für mich war dieser Mord das Schrecklichste, was ich bisher im Leben gesehen habe." Daß der Alte völlig harmlos war, unterlag keinem Zweifel.

Die mir aus allen Teilen des ehemaligen Polen zugegangenen Berichte enthalten eine Unmenge ähnlicher Schilderungen. Ich muß gestehen, daß es mich eine große Überwindung kostete, alle zu lesen. Entsetzlich sind die Schilderungen der großen Blutbäder in Bromberg, im Kreise Hohensalza und in anderen Gegenden. Worauf es hier abschließend ankommt, ist die Feststellung, daß Tausende volksdeutscher Soldaten Augenzeugen irgendwelcher Greueltaten ihrer polnischen "Kameraden" sein mußten. Vielen hat man die Erlebnisse nachher angesehen. Sie waren verfallen, seelisch erschüttert und vielfach ergraut.

Der "polnischen Wirtschaft" ausgeliefert

Es war aber noch ein weiteres, das den volksdeutschen Soldaten Höllenqualen bereitete. Und das war das im Heere herrschende Durcheinander. Der Deutsche ist bekanntlich ein Mensch der Ordnung und Organisation, der Pole dagegen ein Organisator der Unordnung. So ergaben sich auch hier innere Konflikte und Leiden. Als Deutsche mußten sie innerlich darüber erfreut sein, wenn im polnischen Heere alles nicht klappte. Als Soldaten und eingefleischte Ordner mußte sie andererseits das Chaos auch oft bis zur Weißglut reizen. Dieses Gegeneinander im eigenen Inneren schildert uns in seinem Bericht der Leutnant Theo R. Schüler, der als Zugführer einer Bahnbauabteilung den Feldzug mitmachte. In allen Dingen der technischen Kriegführung waren die Polen mit wenigen Ausnahmen Stümper.

Diejenigen Truppen, die man lange vor Ausbruch des Krieges mobilisiert hatte, waren noch einigermaßen ausgerüstet. Nach dem 20. August setzte aber eine sich von Tag zu Tag steigernde Aufregung und Unordnung ein. Reservisten lagen tagelang und nächtelang unter freiem Himmel, ehe sie eingekleidet wurden. Und wenn es dann endlich soweit war, dann fehlte zuletzt bei jedem doch immer etwas.

Hatte jemand gute Uniform und Unterwäsche, dann paßte nachher zu seinem alten Lebel-Gewehr bestimmt die Munition nicht. Hatte er ein Seitengewehr, dann fehlte die Scheide, und er mußte es gleich auf das Gewehr stecken. Freute sich der Reservist über seine neuen Schuhe, dann verfluchte er sie nachher um so mehr. Sie waren nicht eingefettet und machten ihm beim Marsche die Füße wund. Irgend etwas fehlte eben immer. Der Pole kann, das ist typisch für ihn, Dinge nicht bis zu Ende durchdenken, geschweige denn durchorganisieren.

Die Truppe, der der Fähnrich Hans-Jürgen Bardt in Lublin angehörte, hatte eine Woche nach Beginn des Krieges erst für ein Zehntel der Mannschaft --- alte Lebel-Gewehre, Modell 86, auftreiben können.

Während des Rückzuges wurde dauernd "organisiert". Der Rechnungsunteroffizier und Zahlmeister Lothar Mielcarek (Posen) erlebte beim Rückzuge, wie plötzlich ein ihnen wildfremder polnischer Oberst, ohne die Führer der anderen Formationen zu fragen, aus allen Waffengattungen einen Stoßtrupp gegen die vordringenden Deutschen zusammenstellen wollte und zwar mit schußbereitem Karabiner. Was dabei herauskam, sah ergötzlich aus: Der eine barfuß, der zweite in unterwegs gestohlenen Halbschuhen, der dritte mit, der vierte ohne Mütze oder Helm usw. Schließlich weigerte sich dieses Sammelsurium von Kriegern, gegen die Deutschen zu ziehen, so daß der kühne Plan des Herrn Obersten scheiterte.

Ein besonderes Kapitel waren Verpflegung und Löhnung. Überall da, wo man nach der Einberufung die Deutschen gleich absonderte, kümmerte sich kein Mensch darum, ob sie etwas zu essen hatten oder nicht. Oft ging es aber den Polen selbst auch nicht anders. Ein volksdeutscher Kamerad berichtet, er hätte in 20 Tagen einmal warmes Mittagessen und einmal ein halbes Brot erhalten. Seine polnischen "Kameraden" klauten, raubten und requirierten, um satt zu werden oder fraßen auf den Feldern rohe Mohrrüben, Kartoffeln und Runkeln. Er selbst mußte genau dasselbe tun, denn an Löhnung hatte er für 3 Wochen 1,80 Zloty erhalten. Erkennungsmarken hatten wohl neun Zehntel der polnischen Armee nicht.

Nicht selten fällen die mir zugegangenen Berichte ein vernichtendes Urteil über die Haltung polnischer Offiziere. In zahlreichen Fällen waren sie es, die sich in vorher schon bereitgehaltenen Zivilsachen als erste aus dem Staube machten. Sie traktierten ihre Mannschaft mitunter mit Knüppel und Reitpeitsche, versetzten ihnen Tritte in das Gesäß oder gar in den Leib, tischten lächerliche Lügen und Siegesmeldungen auf und führten ihre Truppe schlecht. Wo nachher solche Offiziere in Gefangenschaft gerieten, bezogen sie nicht selten Prügel von ihrer eigenen Truppe.

Nicht ohne Kopfschütteln liest man in den vorliegenden Berichten, daß schwerverwundete sich am Straßenrande quälten, während Offiziere in Autos, in Begleitung hübscher Sanitäterinnen oder anderer Damen, einfach vorbeifuhren. Mit besonderer Empörung schildert ein Kamerad, wie ein Offizier einen stark blutenden Verwundeten rücksichtslos vom Wagen warf, um selber schneller fliehen zu können. Kaum glaublich klingt es, daß in so vielen Fällen *Offiziere ihre Mannschaft mit Bajonetten gegen die deutschen Tanks schickten, da diese ja doch nur aus Holz oder Pappe wären.* Aber alles, was hier in unserem Buch an Dingen dieser Art zu lesen ist, ist lautere Wahrheit.

Wie aus den von uns veröffentlichten Berichten klar hervorgeht, lag uns nichts so fern, als in öder Schwarzweißmalerei alles am polnischen Soldaten schlecht zu machen, hat doch auch der Führer in seiner großen Danziger Rede anerkannt, daß der einfach polnische Soldat an vielen Stellen tapfer gekämpft hat. Schlecht waren Führung und Organisation. Nie ist wohl ein Volk kläglicher geführt und belogen worden, wie das polnische vor und im September 1939.

Eine eindringliche Lehre für die Zukunft

Die Haltung, die unsere Kameraden in der für sie so schwierigen Lage zeigten, war anständig. Sie haben oft Unheil nicht verhindern können, weil jedes Eintreten die Polen nur noch zu größeren Untaten gereizt hätte. Und wenn sie den blutrünstigen polnischen Sadisten gegenüber oft ihr deutsches Volkstum tarnten, dann mit gutem Recht. Diese Tarnung erforderte gewöhnlich mehr Geistesgegenwart und Mut, als ein ratloses Sichergeben in das drohende Schicksal.

Die Zahl der im polnischen Heere ermordeten, gefallenen, verwundeten volksdeutschen Soldaten geht hoch in die Tausende. Viele gerieten in russische Gefangenschaft, wurden in Litauen, Rumänien und Ungarn interniert, kamen zurück und erfuhren, daß ihre Angehörigen inzwischen getötet worden waren. So erging es, um einen besonders erschütternden Fall zu nennen, dem aus russischer Kriegsgefangenschaft zurückgekehrten E. Schmolcke aus Rackwitz. Die Polen hatten, während er einberufen war, seinen schwer weltkriegsbeschädigten Vater, seine Mutter, 18jährige Schwester und sein 1½jähriges Brüderchen verschleppt und alle ermordet.

Die mir eingesandten Berichte stammen zum größten Teile von Mitgliedern des volksdeutschen Posener Selbstschutzes, der nach der Befreiung des Warthelandes unter der Leitung von SS-Führern entstand. Und so soll denn, unserer soldatischen Einstellung entsprechend, dieses Erlebnisbuch keine romantische Erinnerung, sondern ein Appell an unsere Jugend sein: "**Seht, so erging es uns, als die Polen Gewalt über unsere Heimat hatten. Vergeßt das nicht!** Seid einig und werdet zu jener kämpferischen, nationalsozialistischen Gemeinschaft, die für alle Zeiten die Freiheit kommender

Geschlechter gewährleistet. Nie mehr komme der Fluch über uns, gegen Brüder kämpfen zu müssen. Uns an der Grenze soll daher niemand übertreffen an Einsatzbereitschaft für die Heimat, an Liebe zu Führer und Reich."

2

Als Volksdeutscher - polnischer Reserveleutnant

Heinz Beckmann

Die polnische Armee zählte, abgesehen von den Kameraden, die als ehemalige Offiziere des deutschen oder österreichischen Heeres in ihrem Dienstrang übernommen, aber gleichzeitig für dauernd vom Heeresdienst befreit worden waren, nur eine geringe Zahl von volksdeutschen Reserveoffizieren, welche aus dem polnischen Heere selbst hervorgegangen sind. Bis zum Jahre 1933 war es keine Seltenheit, daß volksdeutsche "Einjährige" zur Ableistung ihrer Dienstpflicht eingezogen wurden. Nach der Machtübernahme im Reich geschah dies nur noch in ganz beschränktem Umfange.

Ich selbst absolvierte meine aktive Dienstzeit im Jahre 1932/33 in der Fähnrichschule in Zambrow in der Nähe von Bialystok und später im 8. Legionenregiment in Lublin. Nach einer Fähnrichsübung wurde ich zum Leutnant befördert und in dieser Eigenschaft zweimal zu größeren Übungen eingezogen, das letztemal im Jahre 1938 zu den großen Herbstmanövern in Wolhynien, den größten Manövern, die ich in der polnischen Armee mitgemacht habe. Es waren die kritischen Tage des Einmarsches der deutschen Truppen ins Sudetenland, kurz vor der Besetzung des Olsagebietes durch Polen. Schon damals, also zur Zeit der deutsch-polnischen "Freundschaft", war die Stimmung im polnischen Heer, was am besten im polnischen Offizierskorps zum Ausdruck kam, ausgesprochen deutschfeindlich. Man hätte erwarten müssen, daß Polen, das den Gewinn des wertvollen Olsagebietes in erster Linie Deutschland zu verdanken hatte, ein Gefühl der Dankbarkeit seinem westlichen Nachbarn gegenüber empfinden würde. Das Gegenteil war der Fall! Man erging sich in Schimpfreden gegen das Reich und den Führer, behauptete, man würde die Nazis zu Paaren treiben, wenn sie es wagen würde, Polen auch nur anzutasten, und es war für mich als Deutschen unerträglich, diese haßerfüllten Äußerungen anhören zu müssen, ohne ihnen entgegentreten zu können. Ich bekam aber auf diese Art bereits im vergangenen Jahre einen Vorgeschmack, wie sich die Dinge für mich im Falle eines Krieges zwischen Deutschland und Polen gestalten würden, und konnte nur im stillen hoffen, daß ich nie dazu gezwungen sein würde, die letzte Folgerung aus meinem Dasein als Volksdeutscher ziehen und gegen mein Vaterland kämpfen zu müssen. Aber auch dies Letzte und Schwerste sollte mir nicht erspart bleiben.

Im Zuge der allgemeinen Mobilmachung erhielt auch ich am 30. August die Aufforderung, sofort, spätestens aber innerhalb von zwei Stunden, nach Lublin zu meinem Regiment abzureisen. Jede Weigerung in dieser Situation wäre sinnlos und gerade bei mir als Offizier gleichbedeutend mit dem sicheren Tode durch Erschießen gewesen. Es blieb kein anderer Ausweg, und so fuhr ich dann noch in derselben Nacht, bereits in Uniform, über Warschau nach Lublin ab, wo ich am Abend des folgenden Tages mit stundenlanger, durch Militärtransporte hervorgerufener Verspätung eintraf. Ich meldete mich sofort bei meinem Regiment und wurde, gleich dem Großteil

der übrigen dort bereits versammelten Reserveoffiziere, den soge-
nannten "Überzähligen" zugeteilt. Die aktive Truppe des Regiments
lag, wie sich herausstellte, schon längst irgendwo an der Westgrenze
des Landes, und aus den ankommenden Reservemannschaften und
den "überzähligen" Offizieren war nun der notwendige Nachschub
zu bilden, der dann je nach Bedarf an die Front abberufen werden
sollte.

Die Aufgabe für uns Offiziere bestand also fürs erste darin,
die Reservisten einzukleiden, aus ihnen Kompanien und Bataillone
zu formieren und, so weit noch Zeit dazu blieb, ihnen etwas militärischen Schliff beizubringen, den sie fast durchweg verdammt
nötig hatten. Das Menschenmaterial, das zur Verfügung stand, war
ausgesprochen schwach. Es befanden sich darunter ein Großteil
Analphabeten aus den Ostgebieten, viele Weißrussen, Ukrainer und
Juden, die von vornherein als unsicheres Element galten. So wurde
die Parole ausgegeben, bei der Formierung der Kompanien darauf zu
achten, daß sie nicht mehr als 40 Prozent nationaler Minderheiten
enthielten, wobei, abgesehen von Juden, das orthodoxe Bekenntnis
als entscheidendes Merkmal für die Volkszugehörigkeit des einzelnen angesehen wurde. Die Unteroffiziere stammten fast alle aus dem
Posenschen. Ihnen war die frühere deutsche Schule in Haltung und
Auftreten auch schon rein äußerlich anzusehen.

Zu meiner großen Freude fand ich unter den Reserveoffizieren
einen volksdeutschen Kameraden, Leutnant K., vor. Wir waren im
Nu gute Freunde und haben es beide in den ersten Tagen, wo die
seelische Belastung oft fast unerträglich zu werden drohte, und wir
beide manchmal der Verzweiflung nahe waren, dankbar empfunden, daß wir untereinander mal einige deutsche Worte wechseln
und uns gegenseitig stützen und Mut zusprechen konnten. Leider
blieb Kamerad K. nur kurze Zeit bei uns und wurde dann als Führer
eines Arbeitskommandos zur Räumung eines Munitionslagers in

Demblin abkommandiert. Er ist glücklicherweise nicht mehr dazu gekommen, diesen gefährlichen Auftrag auszuführen, der ihn leicht hätte das Leben kosten können. Einen Tag vor seiner Ankunft in Demblin flog das ganze Lager in die Luft, und es ist K., wie er mir dann nach dem Polenkriege erzählte, auf einer abenteuerlichen Flucht, verkleidet als weißrussischer Bauer, gelungen, glücklich die deutschen Linien zu erreichen.

So blieb ich also allein als einziger Deutscher im Regiment zurück. Abgesehen davon, daß meine Nationalität aus den Militärpapieren einwandfrei hervorging, hatte ich auch unter den Offizieren einige Bekannte von der aktiven Dienstzeit bzw. den verschiedenen Reserveübungen her, u. a. Major S., meinen Bataillonskommandeur. Diese wußten natürlich, daß ich Deutscher war, und so hatte sich die "Sensation" im Offizierskorps schnell herumgesprochen. Ich vermied zwar nach Möglichkeit jedes Gespräch, das auch nur irgendwie den Schein eines Verdachtes aufkommen lassen konnte, es gelang aber doch nicht immer, manchmal recht peinliche Situationen zu umgehen. So wurde mir u. a. mehrmals die Frage gestellt, was ich zu tun gedächte, wenn ich an der Spitze der mir zur Führung anvertrauten Truppe gegen die Deutschen handeln und Entschlüsse fassen müßte. Es ist mir oft nur mit allergrößter Mühe gelungen, mich irgendwie durch eine ausweichende Antwort aus der Schlinge zu ziehen. Immerhin fiel es bald auf, daß ich mich an den dummen und blöden Schimpfreden gegen Deutschland und den Führer nicht beteiligte - man hatte mich offensichtlich anfangs, obwohl deutscher Volkszugehörigkeit, so doch für einen Gegner des Nationalsozialismus gehalten, wie ich aus verschiedenen Äußerungen entnehmen konnte - und ich fühlte instinktiv, daß das Mißtrauen gegen mich von Tag zu Tag wuchs, und daß ich von allen Seiten beobachtet und überwacht wurde.

Schlimmer aber als diese äußeren Mißstände war die seelische Belastung. Abgeschnitten von aller Welt (Zeitungen gab es nicht und die Postbeförderung war längst eingestellt) war man inmitten dieser polnischen Umgebung einzig und allein auf die "Sieges"-Meldungen angewiesen, die der Warschauer Sender verbreitete, und die triumphierend von Mund zu Mund weitergegeben wurden.

Danach war Danzig, wo ich mir besonders nahestehende Menschen hatte, um deren Schicksal ich bangte, schon am ersten Tage von den Polen eingenommen worden, polnische Truppen hatten Ostpreußen teilweise besetzt und befanden sich im siegreichen Vormarsch auf Königsberg, französische Truppen, hauptsächlich farbige, sollten die Deutschen in Westpreußen vernichtend geschlagen haben. Der Westwall war angeblich an zwölf Stellen durchbrochen und die Franzosen weit nach Deutschland hinein vorgedrungen. In Berlin sollte ein Angriff von 600 englischen und polnischen Bombern furchtbare Verwüstungen angerichtet haben. Von Italien hieß es, es habe ebenso wie Amerika, an Deutschland ein Ultimatum wegen der Bombardierung der Zivilbevölkerung in den offenen polnischen Städten gestellt und da dieses unbeantwortet geblieben, den "Nazis" den Krieg erklärt. Wenngleich ich mir bewußt war, daß der größte Teil dieser Meldungen erlogen sein mußte, und sie unmöglich der tatsächlichen Lage entsprechen konnten, so blieb - eine Folge der Einwirkung der Umgebung - bei aller kritischen Einstellung doch eine leise Sorge um Deutschland als böses Gift dieser Lügennachrichten in mir zurück. Es war das Schwerste in diesen Tagen und unter diesen Umständen, die Hoffnung nicht sinken zu lassen und den Glauben an Deutschland nicht zu verlieren.

Es wird mir, nach dem, was ich in jenen Septembertagen erlebte, immer ein Rätsel bleiben, wie man es in leitenden polnischen Militärkreisen wagen konnte, dem besten Heere der Welt mit einer Armee gegenüberzutreten, die wegen ihrer mangelhaften

Ausrüstung und Ausbildung - besonders der Reserven - von vornherein auf verlorenem Posten stehen mußte. Nur ein nicht mehr zu überbietender Größenwahn und die Hoffnung auf das in den Augen der Polen "allmächtige" England (die in Gesprächen mit polnischen Kameraden immer wieder zum Ausdruck kam) können vielleicht eine teilweise Erklärung dafür geben, daß Hunderttausende polnischer Soldaten in einen aussichtslosen Kampf und damit in den sicheren Tod getrieben wurden.

Es hat in den ersten Kriegstagen bei der Einkleidung der nur teilweise einrückenden Reservisten (die übrigen haben infolge der Bombardierung der Eisenbahnlinien durch die deutschen Flieger ihre Garnison gar nicht mehr erreicht, sonst wäre die Desorganisation noch größer gewesen) schon an allen Ecken und Enden an dem Nötigsten gefehlt. Einige Beispiele seien herausgegriffen. Bei uns im Regiment ist u. a. die Parole ausgegeben worden, daß diejenigen Reservisten, die einigermaßen gut erhaltenes Zivilschuhwerk mitbrachten, dieses weiter tragen sollten, weil einfach nicht genügend Militärschuhe vorhanden waren. Und dieses schon während der ersten Mobilmachungstage! Ich hatte gegen Schluß des Krieges noch Leute in meinem Zuge, die immer noch in ihren Zivilschuhen herumliefen und einen militärisch sehr merkwürdigen Anblick boten.

Unsere ganze Truppe war ohne Stahlhelme, niemand hatte eine Erkennungsmarke! Beides hatte eine starke psychologische Wirkung auf die Mannschaft, besonders das Fehlen der Erkennungsmarken. Die Leute hatten von vornherein das Gefühl der Unsicherheit, wußten sie doch, daß, wenn sie fielen, sie irgendwo unbenannt verscharrt werden würden wie die Hunde. Wieviel Tausende und aber Tausende von polnischen Soldaten, deren Angehörige sie noch irgendwo in Gefangenschaft vermuten und vergeblich auf ihre Rückkehr warten, sind auf diese Weise für immer verschollen und schlafen in irgendeinem Massengrab oder zugeworfenen Schützen-graben ihren letzten Schlaf. Auch diese Toten sind eine furchtbare Anklage gegen eine leichtfertige Führung, die dieses Heer namen-loser Gefallener auf dem Gewissen hat.

Die Verpflegung war ein Kapitel für sich. Friedrich der Große hat einmal gesagt: "Wenn man eine Armee bauen will, muß man mit dem Bauche anfangen, denn dieser ist das Fundament davon!", und Napoleon tat den Ausspruch: "Die Armee marschiert mit dem Magen!" Beide waren große Feldherren und Führer und verstanden ihr Handwerk, ein Prädikat, das die verantwortlichen Männer des ehemaligen polnischen Heeres bestimmt nicht für sich in Anspruch nehmen können. Schon in den ersten Kriegstagen ließ die Verpfle-gung der Armee sehr stark zu wünschen übrig.

Ganz abgesehen davon, daß die in den Küchen unseres Regi-ments gekochten Essenportionen der tatsächlichen Zahl der zu verpflegenden Leute nicht entsprachen, konnten die vorhandenen Rationen nur mit erheblichen Schwierigkeiten ausgegeben werden, weil nur ein Bruchteil der nötigen Eßgeschirre aufzutreiben war. So waren bei der Essenverteilung unglaubliche Szenen an der Tagesord-nung, und das, wie ich betone, noch in der Kaserne und nicht etwa unter ungewohnten Verhältnissen draußen im Felde. Die Schamröte konnte einem Offizier ins Gesicht steigen, so etwas mit ansehen zu müssen, und es bedurfte aller Energie, um wüste Diszplin-losigkeiten, die durch die mangelnde Organisation zwar erklärlich, aber nicht entschuldbar waren, im Keime zu ersticken.

Es konnte unter diesen Umständen auch nicht wundernehmen, daß die von Anfang an nicht begeisterte Stimmung der Truppe von Tag zu Tag merklich nachließ. Ihr übriges dazu taten die deutschen Flieger. Sie erschienen in regelmäßigen Abständen über der Stadt, zuerst von den verdutzten Menschen begafft und bestaunt, um dann aber bald durch ihre ehernen Grüße, die allerdings nur den

strategisch wichtigen Objekten der Stadt wie Bahnhof, Flugzeug-
fabrik usw. galten und die Kasernen selbst noch verschont ließen,
panikartigen Schrecken zu verbreiten. Das Bombardement war so
erfolgreich, daß man, anscheinend von amtlicher Seite, dazu in
Lublin die Nachricht verbreitete, es hätten Spione von der Erde
aus Winkzeichen gegeben und die Flugzeugangriffe entsprechend
gelenkt. Man sei dieser Verräter aber bereits habhaft geworden und
sie würden der gerechten Strafe nicht entgehen.

Die Furcht vor Spionen führte zu lächerlichen Auswüchsen. Ich
war selbst, von der Kaserne aus beobachtend, Zeuge, wie bei einem
wirkungsvollen Angriff auf die in nicht weiter Entfernung vor-
beifahrende Bahnlinie ein zufällig vorbeigehender harmloser polnischer Mönch, der in seiner Kutte anscheinend besonders verdächtig
erschien, trotz Beteuerung seiner Unschuld im Triumph eingeholt
und abgeführt wurde. Auch er sollte angeblich den Angriff auf die
Bahnlinie auf dem Gewissen gehabt haben.

Von Flakabwehr war in den ersten Tagen überhaupt nichts zu
spüren. Später, und zwar als die polnische Regierung für kurze
Zeit auf der Flucht ihren Sitz von Warschau nach Lublin verlegte,
machte sie sich vereinzelt bemerkbar, ohne allerdings irgendwelche
Erfolge zu erzielen. Da es offiziell verboten war, die Kasernen zu verlassen, hatten wir erst verspätet und durch Zufall erfahren, daß die
flüchtende polnische Regierung uns mit ihrem Besuch beehrt hatte.
Auf diese Nachricht hin verstummten dann auch die wenigen noch
vorhandenen Großmäuler, die bis dahin von einer Parade Unter den
Linden gefaselt und geprahlt hatten, sie würden schon die ihnen
fehlende Ausrüstung in Berlin vervollständigen!

Von den Kasernen aus konnte man jetzt auch auf den vor-
beifahrenden Straßen lange Reihen von Flüchtlingen beobachten.
Es trafen immer zahlreiche Versprengte, und zwar Angehörige unseres eigenen Regiments, wie auch anderer Truppenformationen bei

uns ein, die bereits mit den Deutschen in Berührung gekommen und völlig auseinandergeschlagen worden waren. Sie alle standen unter dem Eindruck der unvergleichlichen technischen Überlegenheit der deutschen Truppen, der gegenüber sie einen Widerstand für ziemlich aussichtslos hielten. Bald aber erhielten sie einen Wink, nichts über ihre Erlebnisse zu berichten, zum mindesten nicht die Wahrheit. Die sowieso schon geringe Begeisterung unter unseren Leuten sollte nicht noch weiter geschwächt werden.

Je verzweifelter sich die Lage Polens gestaltete, um so schwieriger wurde auch meine eigene als einziger Deutscher in dieser polnischen Umgebung. Ein bezeichnender Vorfall sollte mir klar zum Bewußtsein bringen, wie ich beobachtet wurde: Ich hatte als wachhabender Offizier Dienst im Regiment. Im Offizierswachzimmer benutzte ich die Gelegenheit, spät abends, als ich allein war, auf dem dort befindlichen Radioapparat eine deutsche Station und damit authentische Nachrichten über die wirkliche Lage zu bekommen.

Ich hatte vorsichtigerweise den Apparat so leise wie nur möglich eingestellt, in der Eile aber übersehen, daß zu der im Nebenraum befindlichen Mannschaftswachstube ein Lautsprecheranschluß führte, so daß man dort die eingestellte Station mithören konnte. Diese Unachtsamkeit wäre mir beinahe zum Verhängnis geworden. Sofort erschien eine Ordonnanz und überbrachte von einem sich zufällig im Wachraum aufhaltenden Hauptmann den Befehl, unverzüglich das Radio auszuschalten. Damit hatte es für diesmal seine Bewandtnis, und ich war noch einigermaßen glimpflich davongekommen. Man hätte mich auch bei der herrschenden Stimmung ebensogut wegen Sabotage zur Verantwortung ziehen können. Einige Tage darauf wurde dann der Apparat ganz abmontiert!...

Der 9. September brachte den ersten Angriff deutscher Flieger auf die Lubliner Kasernen. Wir Offiziere waren gerade zur Befehlsentgegennahme im Regimentsgebäude versammelt, als wir plötzlich das dumpfe Motorengeräusch deutscher Bomber vernahmen. Alles stob auseinander. Ich selbst gelangte mit langen Sätzen gerade noch bis vor das Haus, wo ich mich lang auf das Pflaster warf. Im nächsten Moment war auch schon die Hölle los. Bombe folgte auf Bombe und ließ die Erde in ihren Grundfesten erzittern. Bald brannte ein Teil der Magazine lichterloh. Es waren furchtbare Minuten, die mir die ganze Tragik meines Schicksals nochmals deutlich vor Augen führten. Als Deutscher in polnischer Offiziersuniform hier fern der Heimat unter den Bomben deutscher Flieger vielleicht sterben zu müssen für ein fremdes Land, für ein Volk von Unterdrückern, das *nicht mein Volk* war.

Jeden Augenblick konnte das Gebäude, neben dem ich mit einer Reihe polnischer Kameraden lag, zusammenstürzen und uns unter seinen Mauern begraben. Glücklicherweise, d. h. für uns glücklicherweise, fiel der größte Teil der Bomben, bis auf wenige, die in nächster Nähe niedergingen und einige von uns verletzten, etwa 400 bis 500 Meter entfernt in die Parkanlagen des Kasernenhofes, unter deren Bäumen die aus den Gebäuden herausgezogenen Reservisten zur Vervollständigung ihrer Ausrüstung sich gelagert hatten. Ihre Wirkung unter den eng aneinandergedrängten Menschenmassen war fürchterlich.

Als der Angriff vorüber war, stürzte ich sofort im Laufschritt zu meiner Kompanie. Sie hatte noch verhältnismäßig wenig gelitten. Dafür waren die Nachbarkompanien um so mehr betroffen worden. Überall lagen zerfetzte Menschenleiber umher, abgerissene Gliedmaßen, zum Teil noch mit Zivilsachen bekleidet, Reservisten, die nicht mal dazu gekommen waren, in diesem Kriege die Uniform anzuziehen! Dazwischen von allen Seiten Hilferufe und das Wimmern Schwerverwundeter. Ein Volltreffer hatte die Lazarettstube in Trümmer gelegt und alle Insassen unter ihren Mauern begraben, eine andere Bombe hatte, ohne unmittelbar zu treffen, allein durch ihren Luftdruck einen der von den Polen in den letzten Tagen vor dem Kriege in aller Hast aufgeworfenen und leichtfertigerweise nicht abgestützten Luftschutzgraben zugeschüttet und die darin befindlichen Leute unter den Erdmassen lebendig begraben. Ringsum ein Bild der Zerstörung! Ich sammelte sofort meine Kompanie, ohne das Eintreffen der anderen Offiziere abzuwarten, und wir verließen durch eine schnell geschaffene Öffnung in dem Kasernenhofzaun - wir "verzichteten" darauf, noch bis zum Tore zu marschieren - diese Stätte des Grauens, jeden Augenblick eines neuen Angriffs gewärtig, der aber für heute nicht mehr kommen sollte. Der Eindruck dieses Bombardements war so nachhaltig, daß er meine Leute während des ganzen Krieges nicht mehr losgelassen hat. Es hat später nur des tiefen Motorengeräusches eines deutschen Flugzeuges bedurft, um ihnen panikartige Furcht einzujagen. Die Verluste dieses Angriffes wurden nie bekanntgegeben. Meiner Ansicht nach müssen sie ziemlich hoch gewesen sein. Aus begreiflichen Gründen sollte nicht darüber gesprochen werden.

Wir haben dann nach diesem tragischen 9. September noch zwei Tage in einem Dorfe in der nächsten Umgebung von L. zugebracht, um dann endgültig abzumarschieren. Die Führung der Kompanie hatte inzwischen zum dritten Male gewechselt. Sie wurde von einem Hauptmann übernommen, der zu einer anderen Division gehörte und dessen Maschinengewehrkompanie bei Kielce vollkommen aufgerieben worden war. Er hatte sich mit einem Leutnant unter größten Schwierigkeiten bis Lublin durchgeschlagen. Wärend er uns Offizieren gegenüber nach seinen Erfahrungen mit den deutschen Truppen aus seiner pessimistischen Einstellung in bezug auf einen erfolgreichen Widerstand keinen Hehl machte, glaubte er die Leute in einer Ansprache dadurch aufmuntern zu sollen, daß er ihnen ein aus irgendeiner polnischen Zeitung entnommenes Rechenexempel vorführte. Danach war für einen Flug von Berlin nach Warschau für einen deutschen Bomber eine Zisterne Benzin notwendig, und man konnte sich also nach der Meinung des Herrn Hauptmann leicht ausrechnen, daß die bösen Deutschen in wenigen Tagen am Ende ihrer Künste sein müßten. Sie konnten ja keine großen Vorräte an Benzin aufgestapelt haben, so führte er aus, und Rumänien liefere kein Öl mehr. Im übrigen hielt er - jedenfalls den Mannschaften gegenüber - die deutschen Tanks auch gar nicht für so gefährlich (er selbst aber war mit seiner Kompanie von ihnen auseinandergehauen worden!) und fügte dann noch beruhigend hinzu, die Erfahrung hätte gezeigt, daß die Deutschen vor Bajonettangriffen ausrissen wie Schafleder. Also könnte der Krieg von Polen gar nicht verloren werden. Uns Offizieren gegenüber äußerte sich, wie gesagt, sein "Optimismus" ganz anders.

Es begann nun eine Marschperiode, über deren Zweck und Ziel wir uns erst viel später klar werden sollten. Wie sich nachher zeigte, haben wir mit allen Mitteln versucht, der drohenden Umklammerung durch die deutschen Truppen zu entgehen. Vorläufig marschierten wir aber nichts ahnend jeden Tag; oder besser gesagt jede Nacht, bis in den frühen Morgen (denn infolge der Tätigkeit der deutschen Flieger waren Tagesmärsche ganz unmöglich) unsere 30-40 Kilometer, kampierten meist irgendwo im Walde, ohne jedes Dach überm Kopf, die Offizierstasche oder einen Tornister als "Kopfkissen" darunter. Gott sei Dank regnete es nur ganz wenig. Die Witterung war überhaupt ein Kapitel für sich. Es herrschte ein geradezu ideales Wetter, was einen großen Vorteil für die motorisierten deutschen Truppen bilden und sich entscheidend auf den Verlauf der Kampfhandlungen auswirken mußte. Man war sich dieser Tatsache auf polnischer Seite durchaus bewußt, weil man den bei Regen trostlosen Zustand der polnischen Wege kannte, und sandte jeden Morgen, ich habe das immer wieder beobachten können, sehnsüchtige Blicke gen Himmel, ob er denn nicht endlich seine Schleusen öffnen wollte. Aber es herrschte wie auf Bestellung "Hitlerwetter", und dagegen halfen alle frommen Wünsche nichts.

Unmittelbare Fühlung mit den deutschen Truppen hatten wir fürs erste nicht. Nur begleitete uns auf unseren Märschen ständiger Kanonendonner, ein Zeichen dafür, daß die Front nicht allzu weit entfernt sein konnte. Nachrichten über die allgemeine Lage bekamen wir überhaupt nicht, abgesehen von irgendwelchen unkontrollierbaren Gerüchten, die plötzlich auftauchten, von der Führung wahrscheinlich zielbewußt lanciert wurden und die natürlich für die Polen stets günstig lauteten. So sollten u. a. die deutschen Truppen in Südpolen - dahin waren sie also schon gekommen, das hatte man uns bis dato auch vorenthalten - sich in voller Flucht befinden. Von Warschau waren sie angeblich um 70 Kilometer bis Lowitsch zurückgedrängt worden (wir hatten bisher nicht gewußt, daß Warschau schon unmittelbar unter dem Feuer deutscher Batterien stand) und - dies erzählte man uns noch am 20. September - Rumänien, Ungarn und Jugoslawien hätten Deutschland nun auch den Krieg erklärt. Allerdings wollte der Kanonendonner in so naher Entfernung als Begleitmusik nicht recht zu diesen "Siegesmeldungen" passen. Nicht nur ich als Deutscher, sondern auch die vernünftigeren unter meinen polnischen Kameraden hatten ihre eigenen Gedanken über diese Dinge und machten auch mir gegenüber daraus durchaus keinen Hehl.

Dadurch, daß ich die Gegend von meiner aktiven Dienstzeit her einigermaßen kannte, konnte ich mich wenigstens soweit orientieren, daß wir uns von Lublin aus erst in nordöstlicher Richtung, und zwar auf Wlodawa und dann weiter auf Brest-Litowsk bewegten, später aber, anscheinend unter der Einwirkung stärkerer deutscher Kräfte, mehr nach Süden über Cholm, Zamosch und Tomaszow Lubelski und Rawa-Ruska marschierten. Wir Zugführer hatten keine Karten, übrigens auch die Kompanieführer teilweise nicht, eine Tatsache, die eben auch nur in der polnischen Armee denkbar war.

Eigenartigerweise ließ jetzt die deutsche Fliegertätigkeit ganz auffallend nach, so daß wir es wieder wagen konnten, auch einmal am Tage die Nase aus dem Walde zu stecken und statt der wenig angenehmen Nachtmärsche auch tagsüber zu marschieren. Selbstverständlich tauchten in diesem Zusammenhang gleich hoffnungsvolle Gerüchte auf. Die Deutschen hätten nicht mehr genügend Benzin und müßten aus diesem Grunde ihre Flüge einstellen. Ebenso mangelte es ihnen an Bomben. Es wären in den letzten Tagen von deutschen Flugzeugen statt Bomben schon zusammengebundene Eisenbahnschienen abgeworfen worden. Diese Lügen waren so plump, daß selbst ein Teil der Polen Zweifel daran hegte und versuchte, sich das Fehlen der Flieger mit ihrem notwendigen Einsatz an der Westfront zu erklären. Das erschien auch mir einigermaßen einleuchtend, machte mich aber gleichzeitig wieder um das Schicksal Deutschlands im Westen besorgt. Das tiefe Brummen der deutschen Motore, so gefährlich es mir selbst auch werden konnte, war mir doch erheblich lieber gewesen als diese unheimliche Stille. Die eigentliche Ursache des Ausbleibens der Luftangriffe, die uns erst eine Woche später klar werden sollte, nämlich die, daß der Krieg in Polen sich bereits seinem Ende zuneigte und wir zu den wenigen polnischen Truppen gehörten, die sich überhaupt noch verteidigten, so daß wir bei den deutschen Fliegern nicht mehr das bisherige Interesse fanden, konnten wir natürlich nicht ahnen.

Nach den langen Märschen der letzten Tage, die die Leute stark mitgenommen hatten, bezogen wir für zwei Tage Lager unter freiem Himmel in den Wäldern der Umgebung von Cholm. Hier waren größere Truppenmassen, zum Teil auch noch uneingekleidete Reservisten zusammengezogen worden, die man neu formiert und deren Ausrüstung, so gut es ging, vervollständigt werden sollte. Wir ließen uns natürlich diese Gelegenheit nicht entgehen, zum sechsten Male von innerhalb knapp drei Wochen den Kompanieführer zu wechseln! Hauptmann O. hat dann bis zum traurigen Ende dieses Amt bekleidet. Ich weiß nicht, ob es seiner Initiative zuzuschreiben war, jedenfalls bekam nun die Kompanie endlich auch drei Handmaschinengewehre, auf jeden Zug also eins. Eigentlich gehörte zu jeder Mannschaft als der kleinsten militärischen Einheit ein solches Handmaschinengewehr, d. h. ein Zug allein hätte also drei haben müssen, aber wir empfanden bei unseren inzwischen stark zurückgeschraubten Ansprüchen diesen Zuwachs schon als eine sehr annehmbare Verbesserung unserer Ausrüstung.

An Stelle von uns drei Reserveoffizieren übernahmen drei Berufsoffiziere, die von der Front kamen, die Führung einzelner Züge der Kompanie. Wir selber wurden stellvertretende Zugführer, ein Wechsel, der mir persönlich einige Tage später vielleicht das Leben gerettet hat.

Solange der Vorrat reichte, und das war nur kurze Zeit, konnte man mit einiger Anstrengung bei dieser Materialverteilung hier mitten im Walde noch diesen oder jenen Tornister, Karabiner, Ledergurt oder sonstige Ausrüstungsgegenstände für seine Leute ergattern. Es handelte sich um zusammengesammelte Sachen von bereits aufgeriebenen polnischen Formationen, die bunt zusammengewürfelt waren und nicht gerade dazu beitrugen, das sowieso schon wenig schöne äußere Bild unserer Truppe einheitlich zu gestalten. Augenscheinlich bereitete man sich aber trotz der doch schon verdammt ernsten Lage noch auf einen längeren Waffengang vor. Es wurden nämlich neben Winterwäsche, deren Verteilung noch einigermaßen erklärlich schien, trotz der außergewöhnlich warmen Septembertage mit ihrem schönen Wetter, unverständlicherweise auch eine Anzahl von Schafspelzen ausgegeben! Die ganze Verteilung der Sachen trug schon deutlich die Zeichen einer Verzweiflungsaktion und vertiefte die sich immer mehr ausbreitende Niedergeschlagenheit bei der Truppe.

Auch diese beiden Ruhetage hatten die Leute nicht wieder genügend auf die Beine bringen können. Erstens wurde infolge der mangelnden Verpflegung die Unzufriedenheit immer größer, dann waren aber auch die körperlichen Anforderungen, die an die Mannschaften gestellt wurden, so groß, daß ihnen wohl eine militärisch gut disziplinierte Truppe gewachsen gewesen wäre, nie aber das hier zur Verfügung stehende Menschenmaterial. Nur in Sichtweite liegende Brunnen und Obstgärten rüttelten ab und zu die matten Geister etwas auf. Die Gärten wurden restlos geplündert, und es gelang nur mit Mühe und mit Hilfe eines handfesten Knüttels, der in gewissen Zeitabständen erneuert werden mußte, die Disziplin notdürftig aufrechtzuerhalten.

In diesen Tagen sickerten zum ersten Male trotz aller Vorsichtsmaßnahmen Nachrichten darüber durch, daß die Russen die polnische Grenze überschritten hätten, allerdings gleich wieder mit der dieser Hiobsbotschaft beigegebenen Erklärung, es hätte sich nur um einen Streifen von 50 Kilometer Breite ins Innere Polens gehandelt, und auf ein entsprechendes Ultimatum von England, Frankreich, Amerika und vor allen Dingen von Japan hin, hätten sich die Eindringlinge wieder zurückgezogen.

Diese Nachricht schlug wie eine Bombe ein, und der Fähnrich, der sie mir zuerst unter dem Siegel der Verschwiegenheit mitteilte, setzte gleich hinzu, "Herr Leutnant, wenn dies tatsächlich stimmt, dann sind wir unrettbar verloren."

Die Bestätigung sollte uns schon in den allernächsten Tagen werden, und zwar in einer ganz unerwarteten Weise durch die deutschen Truppen selbst. Nachdem wir die letzten drei Tage, nur durch nach kurzen Stunden zählende Pausen unterbrochen, fast dauernd auf dem Marsch und in Bewegung waren, kam das bis dahin nur in der

Ferne gehörte Artilleriefeuer jetzt merklich näher. Wir mußten also in unmittelbarer Nähe der Front sein.

Es war die Nacht vom 21. zum 22. September. Nach fast 16stündigem Marsch kamen wir erst wieder gegen Morgen zu kurzem Ausruhen, und nach fünf Stunden Pause ging die Walze weiter. In dem Dorf, in dem wir lagen, waren schon die Deutschen gewesen. Offensichtlich Spähtrupps, die sich wieder zurückgezogen hatten. Ein deutscher Soldatenmantel, der zurückgelassen worden war, wurde allgemein bestaunt. Ich betrachtete ihn mit etwas wehmütigen Blicken, erschien er mir doch wie ein Gruß aus dem fernen Vaterland, und unwillkürlich kam mir der Gedanke, ob es mir wohl auch noch mal vergönnt sein würde, die deutsche Uniform zu tragen?

Während einer kurzen Marschpause sollte Essen verteilt werden. Nur der erste Zug bekam noch etwas in die Eßgefäße. Dann war schon der Befehl zum Weitermarsch da. Wir befanden uns augenscheinlich in unmittelbarer Kampffühlung mit den deutschen Truppen. In der Nähe einer Zuckerfabrik wurde nochmals gehalten, dann gings querfeldein, und zwar ausgeschwärmt in Gefechtslinie weiter. Das Artilleriefeuer wurde ungemütlich. Mit dumpfem Krachen schlugen rechts und links vor und hinter uns die Granaten ein. In aller Eile hatte irgend jemand in der Zuckerfabrik einen Sack Zucker requiriert, und nun kaute jeder den Zucker mit vollen Backen, als ob er irgendwo im Manöver wäre und nicht jeden Augenblick von einer Granate zerrissen werden könnte. Wir kamen, unter ständigem Artilleriefeuer weiter vorrückend, an verlassenen, nun inmitten der Gefechtszone liegenden Bauernhöfen vorüber. Keine lebende Menschenseele war zu sehen. Das Geflügel, und teilweise auch das Vieh, lief frei herum, ein Bild des Friedens mitten im Krieg. Am Horizont brannten mehrere Gehöfte lichterloh. Da niemand da war zum Löschen, genügte der kleinste Funke, um das ganze Anwesen einzuäschern.

Wir hielten in einem kleinen Wäldchen. Am Rand des Wäldchens feuerte eine Batterie, was die Rohre hergeben wollte. Für uns Infanteristen war das ein ungewohntes und interessantes Bild, das entsprechend lange bestaunt wurde. Nach kurzer Atempause ging es bei Einbruch der Dunkelheit weiter. Jetzt standen die brennenden Gehöfte ringsum wie riesige Fackeln am Horizont. Die Feldküchen waren irgendwo liegengeblieben. Der Magen knurrte, die Mannschaften auch. Aber statt Essens- gab es doppelte Marschrationen. Wir waren wieder die ganze Nacht auf den Beinen, immer in unmittelbarer Nähe der Front und unter direktem Artilleriefeuer.

Der heraufziehende Morgen fand uns alle zum Umfallen müde. Nach einer kurzen Marschpause waren die Leute kaum noch mit guten Worten oder Drohungen hochzubekommen. Sie konnten einfach nicht mehr. Uns alle beherrschte der Gedanke, möglich bald irgendwo Quartier zu beziehen und die müden Glieder wenigstens für einige Stunden strecken zu können. Statt dessen kam plötzlich der Befehl, in Richtung auf ein zur rechten Hand liegendes, teilweise brennendes Dorf zum Sturmangriff überzugehen. Gleichzeitig setzte auch schon von allen Seiten ein wütendes Feuer auf uns ein. Vor uns, der Infanterie, raste unsere Artillerie irgendwo in Stellung in Richtung auf den Feind zu. Man hatte keine Zeit, sich über diesen unsinnigen, gegen die einfachsten militärischen Grundsätze verstoßenden Einsatz der Artilleriekräfte, der von einer völligen Kopflosigkeit zeugte, weiter Gedanken zu machen. Sprungauf marsch, marsch, hinwerfen, sprungauf marsch, marsch, hinwerfen, so ging es über eine etwa 1 Kilometer lange Wiese. Sie war eben wie ein Billardtisch und bot nicht den geringsten Schutz. Dabei bekamen wir ein wütendes Flankenfeuer, ohne den "Gegner" selbst zu sehen. Die Deutschen waren glänzend gedeckt. Die Kugeln pfiffen uns nur so um den Kopf, rechts und links fielen meine Leute. Wenn ich nur jetzt den Stahlhelm gehabt hätte, den ich mir vor wenigen Tagen bei der Ausrüstungsvervollständigung im Walde bei Cholm für alle Fälle "organisiert" hatte. Aber den hatte der Schütze F., der einzige Deutsche in meinem Zuge, dem seine Mütze abhanden gekommen war, und dem ich den Helm bis zum "Besorgen" eines neuen geliehen hatte. Was hätte ich nicht dafür gegeben, ihn in dieser verteufelten Situation statt der leichten Übungsmütze auf dem Kopfe zu haben. Wie durch ein Wunder kam ich unverletzt über die Wiese und war für einen Augenblick im Schutze eines Getreideschobers geborgen, aber schon ging es weiter, rechts hinauf gegen das brennende Dorf. Von hier schlug uns womöglich noch wütenderes Feuer entgegen. Es war ganz unmöglich, hindurchzukommen. Wo waren denn auch nur unsere Maschinengewehre? Wahrscheinlich gar nicht mehr in Stellung gekommen!

Jetzt erhielten wir schon Feuer von drei Seiten, waren also munter in eine Falle gegangen. Die Angriffsrichtung wurde geändert, auf ein linker Hand sich befindendes Wäldchen zu. Auch von dort wurden wir mit stärkstem MG.-Feuer empfangen. Unsere Leute fielen wie die Fliegen. Und immer noch war kein Deutscher zu sehen, nur Feuer, Feuer und nochmals Feuer. Die Hölle war los. Mein Zug hatte nur noch einen Bruchteil seines Bestandes und war dabei noch nicht zum Schuß gekommen. Wir kamen auch auf dieser Seite nicht an den Wald heran. Ich warf mich hin. Ein Lupinenfeld gab notdürftigen Schutz. Etwa 10 Meter vor mir, schon auf dem kahlen Acker, zwischen meinem Liegeplatz und dem Wald, wälzte sich ein Schwerverwundeter hin und her. Es war Leutnant W., der Zugführer, der vor zwei Tagen an meine Stelle getreten war. Bestimmung - Schicksal? Er war dem Zuge vorausgestürmt und hatte eine Kugel mitten in die Stirn bekommen. Es ging zu Ende. Er stieß noch abgerissene Worte hervor, wollte hoch, die Glieder versagten ihm aber den Gehorsam. Ich rief ihm zu, stillzuliegen, und wollte versuchen einen Sanitäter zu holen. Ein solcher war aber weit und breit nicht zu sehen, und auf dem kahlen Acker weiter zu liegen, war unmöglich. Ich mußte zurück in die Lupinen, setzte alles auf eine Karte und erreichte mit einem Riesensatz meinen alten Platz. Mein Zug war vollkommen aufgerieben. Die wenigen, die nicht gefallen oder verwundet waren, vermochten sich in dem rasenden Feuer nicht zu rühren.

Ich selbst konnte nicht vorwärts und nicht zurück. In meiner nächsten Nähe schlugen dauernd Granaten ein, deren Begleitmusik die singenden MG.-Kugeln bildeten. Jetzt kam das Feuer auch schon von der Rückseite, wir waren also vollkommen eingekreist, eine verteufelte Situation! Ich lag platt auf der Erde. Sowie ich auch nur den Kopf hob, ging ein noch wütenderes Geschieße los. Sollte das nun das Ende sein? War es mir bestimmt, noch im letzten Augenblick von einer deutschen Kugel zu fallen? Ich wußte, wenn's mich jetzt hier faßte, war ich für immer verschollen, ohne daß jemand in der Heimat je etwas über mein Schicksal erfahren würde. Die Minuten wurden mir zu Stunden.

Plötzlich tauchte neben mir, auf allen vieren sich fortbewegend, ein Fähnrich von einer anderen Kompanie auf. Auch er war von seiner Truppe versprengt und hielt sich nun zu mir. Er ahnte natürlich nicht, daß er hier in dem polnischen Offizier einen Deutschen vor sich hatte. Wir unterhielten uns in kurzen, abgerissenen Sätzen trotz des dichten Kugelregens. Er war mit seinem Truppenteil an der ostpreußischen Grenze gewesen, zurückgeschlagen worden und dauernd auf der Flucht sich befindend, zu unserer Division gestoßen. Trotz des Ernstes der augenblicklichen Situation durchzuckte es mich freudig. Also Ostpreußen war frei von den Polen, man hatte uns faustdicke Lügen aufgetischt. Der Fähnrich lugte vorsichtig über die Lupinen hinweg, duckte sich aber sofort wieder und flüsterte mir ganz aufgeregt zu, gerade auf die Stelle, wo wir lägen, käme eine ausgeschwärmte deutsche Kompanie zu. Sie kamen aber leider nicht. Etwa 100 Meter vor uns schwenkten die Deutschen ab in den Wald. Verdammt noch mal! Ich konnte, um mich irgendwie bemerkbar zu machen, mich doch nicht rühren. So lagen wir noch gute zwei Stunden. Dann wurde es allmählich ruhiger. Trotz noch vereinzelt vorbeipfeifender Kugeln entschlossen wir uns beide, den Versuch zu wagen, in das links im Tale liegende Gehöft zu gelangen. Der Fähnrich hatte unter den umherliegenden Schwerverwundeten zwei Kameraden, die er unbedingt mit meiner Hilfe auf einem Wagen holen wollte. Wir kamen durch. An dem Gehöft war eine weiße Fahne befestigt, mehrere polnische Offiziere, darunter auch ein Major, standen vor der Scheune. Ich meldet mich bei dem Major und bat um die Erlaubnis, die Verwundeten holen zu dürfen. Er war furchtbar erregt und fragte mich nach den Deutschen. Ich konnte keine genaue Auskunft geben, wußte es ja selbst nicht, gab aber meiner Vermutung Ausdruck, daß wenigstens im Augenblick linker Hand über die Wiesen weg die Luft rein sein könnte. Der Major ließ mich kaum ausreden und war dann schon mit den übrigen Offizieren im Laufschritt weg in der angegebenen Richtung in den Büschen verschwunden.

Wir trieben unterdes einen Wagen auf. Ein paar herrenlos herumlaufende Pferde wurden davorgespannt, und wir holten dann die beiden Schwerverwundeten, einen Leutnant und einen Fähnrich. Sie hielten Furchtbares aus. Dem Leutnant war der ganze Unterleib aufgerissen, der Fähnrich hatte zwei Brustschüsse und einen Bauchschuß. Beide waren bei voller Besinnung und lagen, wie sie erzählten, schon vier Stunden in ihrem Blute. Jetzt fing es auch noch zu regnen an. Wir mußten mit dem Ackerwagen quer über die Kartoffelfurchen, um auf den Weg zu gelangen. Ich fürchtete, sie würden uns beide unter den Händen sterben. Meine Absicht,

Leutnant W. noch mitzunehmen, konnte ich nicht ausführen. Ich fand seine Leiche nicht mehr. Nur eine große Blutlache und die zerfetzte Mütze sowie die Gasmaske zeigten die Stelle an, wo er gefallen war. Anscheinend hatten ihn die Deutschen mitgenommen, um ihn zu begraben.

Unser Trauerzug fuhr zurück zum Gehöft. Der Fähnrich hatte auf einem Gut in der Nähe Verwandte, der Leutnant wollte zur Operation nach T., dem nächsten größeren Ort. Beides ungefähr je 15 - 20 Kilometer entfernt, also kaum eine Aussicht, daß die Verwundeten den Transport aushalten würden. Ich ging in die Hütte, um Erkundigungen einzuziehen, und als ich nach einiger Zeit herauskam, waren der Wagen und die polnischen Kameraden verschwunden. Die Bäuerin zeigte auf mein Befragen auf die Wiese hinter dem Hause, wo ich zu meinen Erstaunen zwei deutsche Soldaten zu Pferde sah, die mit vorgehaltener Pistole die Polen, die sich hier noch herumtrieben, zusammenholten. Auch ich war im nächsten Augenblick bei der Schar.

Gefangen - gerettet! Ein Glücksgefühl schlug in mir hoch, das alles andere übertönte. Ich wäre am liebsten dem Wachtmeister um den Hals gefallen, aber soweit war es noch nicht. Der Reiter im Stahlhelm mit den schwarz-weiß-roten Farben war sehr mißtrauisch. Ich konnte es ihm nicht verdenken. Wie sollte er auch hier und in dieser Aufmachung einen Landsmann vermuten. Aber mein fließendes Deutsch und mein Offiziersbuch mit dem deutschen Namen und der darin verzeichneten Nationalität und Muttersprache (der Mann stammte aus Schlesien und sprach etwas polnisch) überzeugten ihn allmählich. Auch fiel es ihm auf, daß mein Revolver, den ich abgeben mußte, noch das volle Magazin enthielt. Er wurde zusehends freundlicher und gab mir sogar einen der eingefangenen Gäule zum Reiten. Die anderen Gefangenen marschierten zu Fuß. So ging's zu dem einige Kilometer entfernten Sammelplatz. Der Weg war mit Toten, gefallenen Pferden, umgestürzten Kanonen, Wagen und anderem Kriegsgerät übersät. Ein Bild des Grauens! Hier waren nur wenige lebend herausgekommen. Die Offiziere meistens gefallen, man sprach von 50 - 60% Toten.

Der Nachmittag fand mich schon als Gast der Offiziere einer deutschen Batterie. Ich mußte immer und immer wieder erzählen, während etwa 150 Meter von mir die deutschen Kanonen in ununterbrochenem Schuß ihre Grüße den letzten Resten der fliehenden Polen nachsandten. Ich fühlte mich noch wie im Traum. Vor 12 Stunden noch als polnischer Leutnant im dichtesten Kugelregen, und nun unter deutschen Kameraden gerettet und in Sicherheit.

Und jetzt erfuhr ich auch zu meinem Erstaunen, da alles das, was man uns in den letzten Wochen erzählt hatte, nichts als Lügen gewesen waren. *Bortnowski,* der polnische General, der Ostpreußen besetzt haben sollte, war seit einer Woche selbst in Gefangenschaft, die polnische Regierung längst geflüchtet, und wir gehörten zu den kläglichen Resten der geschlagenen polnischen Armee, die sich überhaupt noch gehalten hatten. In wenigen Tagen mußte Warschau fallen, und damit wäre der Polenfeldzug endgültig beendet. Wie Schuppen fiel es mir von den Augen. Ja, war denn das alles überhaupt möglich!? Hurra, hurra, hurra! Ich konnte mich kaum fassen vor Freude. All die Leiden der letzten Wochen lagen weit hinter mir, waren im Nu vergessen. Was bedeuteten sie demgegenüber, was ich jetzt erlebte. Ich hätte am liebsten jetzt ganz allein das Deutschlandlied anstimmen mögen, aber ich fürchtete, die deutschen Kameraden würden mich für verrückt halten. Sie konnten es ja nicht verstehen, was in mir vorging! -

Ich habe dann noch den Gefangenentransport zu einem größeren Sammellager mitgemacht und war mit meinen polnischen Sprachkenntnissen der bewachenden deutschen Feldgendarmerie ein willkommener Dolmetscher. Sehr aufschlußreich war es dabei, die Stimmung der Gefangenen kennenzulernen, die erst jetzt, nachdem sie wochenlang mit "Sieges"-Nachrichten überhäuft und von ihrer Führung belogen und betrogen worden waren, die Wahrheit erfuhren. Eine tiefe Enttäuschung und Verbitterung hatte diese Menschen ergriffen, und ich bin der festen Überzeugung, daß der größte Teil von ihnen schon längst die Waffen gestreckt hätte, wenn die aussichtslose Lage Polens bekannt gewesen wäre. Wieviel unnötiges Blutvergießen hätte dadurch vermieden werden können. Auch das ist eine furchtbare Anklage gegen die ehemaligen Warschauer Machthaber, die heute selbst irgendwo im Auslande in Sicherheit sitzen.

Von Jaroslau am San, von der neuen Interessengrenze zwischen Deutschland und Rußland, ging es zurück in die Heimat. Die polnische Uniform war abgestreift, und damit verblaßte das Erlebnis dieses Krieges unter fremder Fahne wie ein böser Traum.

Eine neue und schönere Zukunft steht bevor. Hoffentlich wird es uns vergönnt sein, noch einmal die Waffen zu ergreifen, dann aber im grauen Ehrenkleid der deutschen Wehrmacht und für ein hohes Ziel, für unser geliebtes deutsches Vaterland.

3

Nach Berlin... in falscher Richtung

Uffz. Georg Karl Ludwig, Kattowitz

In keinem Teilgebiet des verflossenen Polen hatten wir Deutschen so zu leiden wie in Oberschlesien. Der Bluthund, Woiwode Grazynski, peinigte uns in einer Weise, daß unsere Volksgenossen entweder auswandern oder an Ort und Stelle buchstäblich hätten verrecken müssen. Ich selbst war in Kattowitz als einer der "letzten Mohikaner" noch in der Schwerindustrie beschäftigt und hörte seit März 1939 von den eroberungslüsternen polnischen Direktoren und Mitarbeitern immer wieder, Deutschland würde bald geteilt und Polens Grenze vor Berlin gezogen werden. Die Polen waren zuletzt buchstäblich größenwahnsinnig.

Schon seit dem 20. August wurden durch die örtlichen Polizeiorgane fieberhaft Gestellungsbefehle ausgetragen. Meine Einberufung erhielt ich am 24. 8. morgens um 5 Uhr mit dem Auftrage, mich um 7 Uhr beim Kommando der 23. Division zu stellen.*** Ich leistete dem Gestellungsbefehl Folge, um meine Angehörigen nicht der Gefahr auszusetzen, als Geiseln verschleppt zu werden. Außerdem wäre im Falle einer Flucht nach dem erst kürzlich herausgegebenen Gesetz mein Privatvermögen samt Wohnung dem polnischen Staate verfallen. Überdies hatte ich einige Tage zuvor einen Zug von 22 Gefangenen, Zivilisten und Soldaten, durch die Mühlstraße ziehen sehen. Alles Menschen, denen der Versuch, dem polnischen Joch zu entrinnen, mißlungen war. Die Ärmsten sahen erbarmungswürdig aus. Sie liefen barfuß, zu 4 Mann aneinandergefesselt und wurden von einer 16 Mann starken Bewachung mit Kolbenschlägen traktiert.

Ich wurde auf der Ferdinandgrube, wo das Hauptquartier der 23. Division stationiert war, eingekleidet. Die Sachen waren neu, aber paßten alle schlecht. Die Schuhe waren fünf Nummern zu groß und ohne Schnürsenkel, also trug ich meine Bergstiefel. An Stelle von Strümpfen gab es Fußlappen. Eine Gasmaske erhielt ich nicht, weil keine mehr vorhanden war. Erkennungsmarken gab es nicht. Am zweiten Tage wurden auch Waffen ausgegeben, und zwar Seitengewehre und Karabiner. Ich selbst bekam nur ein Seitengewehr. Den Reserveoffizieren, die uns zugeteilt waren, wurden gleichfalls Schießwaffen nicht ausgehändigt. Drei Stunden nach Zustellung des Gestellungsbefehles war ein Polizist in meiner Wohnung erschienen, um festzustellen, ob ich mich gestellt habe. Die ersten Tage waren ausgefüllt mit Nichtstun und Herumlungern. Verpflegung bekamen wir nicht. Am Abend verließ ich die Kompanie, um nach Hause essen und schlafen zu gehen, und zwar ohne jede Erlaubnis. Am nächsten Morgen fand ich mich um 5 Uhr wieder ein und stellte fest, daß meine Abwesenheit überhaupt nicht aufgefallen war. Mittlerweile waren gegen 100 neue Reservisten dazugekommen, für die schließlich Uniformstücke fehlten. Einige bekamen keine Mützen, andere keine Wickelgamaschen und keine Schuhe. Diese Mängel wurden trotz Drängens des Magazin-Unteroffiziers nicht behoben, so daß schließlich, als wir Kattowitz verließen, einige Leute in

Halbschuhen ohne Wickelgamaschen abrücken mußten. Während wir auf dem Platz vor der Ferdinandgrube herumlungerten, fanden sich bald die Familienangehörigen der einberufenen Reservisten ein, die diese mit Lebensmitteln und Rauchwaren versorgten. Am zweiten Tage endlich wurde morgens gegen 8 Uhr das erstemal befohlen anzutreten, um die Stärke der Kompanie festzustellen. Trotz mindestens zehnmaligen Abzählens konnte eine genaue Zahl nicht ermittelt werden, da das Ergebnis jedesmal ein anderes war. Dies dauerte etwa vier Stunden, in welcher Zeit wir in voller Ausrüstung in der Sonne standen. Das Kommando gab ein volksdeutscher Reservist, ein Vizefeldwebel, während der Kommandant der Kompanie, Hauptmann Kilian, Mitglied des Vorstandes des Aufständischen-Verbandes, zum Fenster seiner Schreibstube heraussah. Obgleich das Abzählen so kläglich endete (es waren ungefähr 250 Mann), durften wir auseinandergehen. Später erschien Oberleutnant Klosek, legte sich auf den Bauch und fing mit den Soldaten unflätige Gespräche an. An diesem Tage wurde zum ersten Male Mittagessen ausgegeben, Graupensuppe, hartes Rindfleisch und Stampfkartoffeln. Die Köche hatten besondere Mühe mit der Zubereitung des Essens, da niemand arbeiten wollte und es ein Abkommandieren zur Arbeit *nicht* gab. Während dieser zwei Tage sahen wir den Kompanieführer Kilian nur ein einziges Mal, und zwar während des Abzählens. Am dritten Tage kamen einige höhere Offiziere, um die Einteilung der Truppe vorzunehmen und die Funktionen festzulegen. Ich wurde für den nächsten Tag als Maschinenschreiber in den Stab der 23. Division in das Bezirkskommando Emmastraße abkommandiert. Kommandeur der 23. Infanteriedivision war Oberst Kuta, Leiter des ganzen Abschnittes Oberst Powierza. Meine hauptsächliche Arbeit bestand aus der Entgegennahme und Weitergabe von Positions- und Tagesmeldungen, die alle zur bestimmten Stunde eingehen mußten. Verspätungen von 2-3 Stunden spielten dabei keine Rolle. U. a.

bekam ich den Auftrag, einen Befehl an die einzelnen Abschnitte telephonisch durchzugeben, die mit Namen wie Hecht, Rose, Bandwurm usw. bezeichnet waren. Der Abschnitt Bandwurm bedeutete die Tankabteilung. Ein Befehl lautete "Briefumschlag 1001 öffnen". Briefumschlag 1001 bedeutete die allgemeine Mobilmachung. Ein anderer lautete "Kisten öffnen, Truppe intensiv schulen, Waffen nur verpackt transportieren, strengste Verschwiegenheit ist zu beachten". "Kisten öffnen" bedeutete ein Tankabwehrgewehr mit einem Lauf, der einem Besenstiel glich. Schreibutensilien mußte ich mir allein besorgen. Es wurde mir geraten, mir von irgendwo eine Schreibmaschine zu klauen. Also holte ich mir in einem unbewachten Augenblick einfach eine Schreibmaschine aus einem anderen Büro der Division. Am dritten Tage mußte ich mich bei Hauptmann Kilian melden, der mir erklärte, daß für mich im Stabe kein Platz wäre und ich zum 73. Regiment versetzt würde. Zwei Reserveleutnants setzten sich dafür ein, daß ich als Divisionsproviantunteroffizier bei der Kompanie verbliebe. Die beiden Leutnants bestätigten meine Vermutung, daß ich politisch verdächtig sei und deshalb im Stabe nicht arbeiten dürfe. Zur Verfügung des Stabes waren auf der Ferdinandgrube 12 requirierte Mercedesautos eingestellt, die keiner Kontrolle unterlagen. Außerdem lag im Dominium Marienhof in Kattowitz die Assistierungskompanie, die gleichfalls zum Stabe zählte, mit 243 Mann und 143 Pferden. Hier war auch die Gendarmerie einquartiert mit 67 Mann und 37 Pferden. Am 30. 8. bekamen wir den ersten und einzigen Sold. Ich erhielt 3.87 Zloty, für welche Zeit blieb unbekannt. An diesem Tage wurde ebenfalls die Offiziersgage gezahlt, und zwar für einen Monat im voraus. Am Nachmittag des 30. 8. sollte Oberst Kuta zur Besichtigung der Truppe eintreffen. Um 3 Uhr nahmen wir Aufstellung. Gegen 5.30 Uhr erschien endlich der Offiziersstab und der Divisionspfarrer, Oberst Bombas. Nach der Vereidigung hielt letzterer eine kurze Ansprache an die Soldaten, wobei er u. a. betonte, daß wir nun sehen könnten, wofür wir unsere Steuern bezahlt hätten, denn wir hätten so schöne neue Sachen bekommen. Danach folgte eine Ansprache des Obersten Kuta.

Die Disziplinlosigkeit war schon jetzt so weit gestiegen, daß, als einmal antreten befohlen wurde, nur gegen 80 Mann auf dem Platze erschienen. Der Rest war entweder in der Stadt oder schlief irgendwo in den Sträuchern der Grubenanlage. Die Folge war ein Ausgangsverbot und der Befehl, den Rest der fehlenden Truppe zu suchen. Da niemand auf die Durchführung achtete, ist der Befehl natürlich nicht ausgeführt worden. Am 1. 9. weckte mich das Gebrumm der deutschen Flieger. Als die Soldaten verstört am Sammelplatz eintrafen, wußte keiner, was geschehen war. Von den Offizieren war natürlich niemand anwesend. Als Hauptmann Kilian gegen 6 Uhr erschien, erklärte er uns, daß es sich um eine Luftschutzübung in Kattowitz handle. Als ich Minuten später von der Telephonzentrale aus meine Wohnung anrief, traf gerade die Meldung ein, daß der Kattowitzer Flugplatz von den Deutschen bombardiert sei.

Bis zum 1. 9. bekam die Kompanie noch einigermaßen regelmäßiges Essen. Morgens und abends gab es warmen, schwarzen, gezuckerten Kaffee und trocken Brot. Brotaufstrich oder ähnliches gab es nie. Kartoffeln wurden nur zweimal gegeben, da, wie bereits erwähnt, Leute zum Kartoffelschälen nicht ranzukriegen waren. Gegen 3 Uhr wurde Marschbefehl gegeben, und um 4 Uhr setzte sich die Truppe in Richtung Emanuelssegen in Bewegung. Der Abmarsch erfolgte ohne Überprüfung des Mannschafts- und Pferdestandes. Eine genaue Zahl der mitgeführten Fuhrwerke war niemandem bekannt. Es hieß, daß wir nach Oświęcim marschieren sollten. Kurz vor Emanuelssegen bogen wir links ab nach Wesola. Dieser Marsch, der normalerweise in 2½ Stunden bewältigt werden kann, dauerte bis zum Morgengrauen des nächsten Tages. Auf der

Chaussee nach Wesola begegneten wir einer Munitionskolonne, alles verschmutzte, müde Männer mit Bärten, vor ihren Wagen kleine Panjepferde. Auf die Frage, woher sie kämen und weshalb sie so abgespannt seien, wurde uns erklärt, daß sie von Stryj kämen und schon 8-10 Tage ohne jede Verpflegung unterwegs seien. Nachdem wir ungefähr 3-4 km in Richtung Wesola marschiert waren, hieß es: "Halt, umkehren!" Ob die Division den Marschbefehl geändert hatte, oder ob Oberleutnant Klosek, der die Kolonne führte, nicht verstand, die Karte zu lesen, blieb mir unbekannt. Jedenfalls herrschte in unserer Truppe große Empörung über die nutzlos marschierten Kilometer. Durch das Umkehren unserer Truppe und die vorbeiziehende Munitionskolonne war die Straße vollkommen verstopft, so daß wir nur sehr langsam vorwärts kamen. Endlich machten wir gegen Mittag im Walde in der Nähe des Restaurants Emanuelssegen Rast. Für die winzige Strecke von der Ferdinandgrube bis hierher hatten wir nicht weniger als 20 Stunden benötigt. Kaffee gab es nicht. An diesem Tage sah ich zum erstenmal ein deutsches Aufklärungsflugzeug. Ich bewunderte die Tollkühnheit des Piloten, der direkt über den Baumwipfeln flog. Beschossen wurde das Flugzeug nicht, da wir keine Flugabwehr mit uns führten. Zurückkehrende Maschinengewehrschützen berichteten uns, daß bei Tischau schwer gekämpft werde. Bald bekam ich auch die ersten polnischen Verwundeten zu sehen, hauptsächlich mit Bein- und Bauchschüssen. Gegen 4 Uhr nachmittags erhielt ich den Befehl, mit einem Lastauto nach dem Kattowitzer Kasernenhof zu fahren, um Proviant für unsere Truppe zu holen. Dies war mir sehr angenehm, hoffte ich doch, bei dieser Gelegenheit noch einmal zu Hause vorsprechen zu können. Als wir in der Kaserne mit der Lebensmittelanweisung ankamen, war niemand anwesend, der etwas ausgeben konnte. Als ich den Proviantoffizier, Leutnant Gora, endlich fand, öffnete er das Magazin und überließ es mir, mich mit den nötigen Lebensmitteln nach eigenem Gutdünken zu versorgen. Dies tat ich selbstverständlich reichlich. Bald darauf kamen auch andere Kolonnen um Proviant. Alle nahmen sich, was und wieviel sie wollten. Von einer geregelten Lebensmittelausgabe - keine Spur. In der Kaserne erfuhr ich, daß das Kattowitzer Regiment und die Polizei den Räumungsbefehl bekommen hatten. Auf dem Rückwege nach unserem Lager, es dunkelte bereits, passierten wir die Sedan- und die Friedrichstraße. Ich sah, wie viele polnische Insurgenten, mit Gewehren bewaffnet, blindlings drauflos knallten. Alles, was auf Anruf deutsch oder gar nicht antwortete, wurde ohne weiteres erschossen. Ich hatte schon vorher erfahren, daß Grazynski eine Nacht den Aufständischen freie Hand lassen wollte, um die letzten ansässigen Deutschen endgültig auszurotten. In größter Sorge um meine Angehörigen mußte ich weiterfahren.

Von Emanuelssegen marschierten wir zurück nach Kattowitz. Unterwegs glaubte ich einen geeigneten Augenblick zu erwischen, um zu meiner Familie zu gehen. In der Nähe der Villa des Generaldirektors meiner Firma in Gieschewald, mit deren Räumlichkeiten ich vertraut bin, ging ich abseits. Plötzlich wurde ich angerufen, "Du Schwein, willst du machen, daß du weiterkommst!" Mein Abtreten hatte ein Gendarm beobachtet, der mich nicht aus den Augen ließ. Nun blieb mir nichts anderes übrig, als die Truppe wieder einzuholen. Der Marsch führte uns ohne Pause bis nach Jaworzno. Hier kamen wir am Sonntag, dem 3. 9., vormittags an. Ich bekam den Befehl, mich mit den erforderlichen Lebens- und Futtermitteln einzudecken. Es wurden 6 Mann abkommandiert, die sich, geführt von einem Zivilisten, mit aufgepflanzten Bajonetten sowie 3 Wagen nach den Lagerräumen des Juden Urbach begaben. Es war erstaunlich, die Leute bei der Arbeit zu sehen. Im Handumdrehen war ohne viel Geräusch die schwer verrammelte Tür geöffnet. Der Zivilist zeigte uns, wo die einzelnen Sorten gelagert waren. Er selbst machte sich über die Kasse her. In diesem Lager deckten wir uns mit ungefähr 40 Ztr. Hafer und einer Anzahl Säcken mit Graupen, Kaffee, Zucker, Salz usw. ein. Den zurückbleibenden Rest eigneten sich Zivilisten an, die sich um die Beute in den Lagerräumen prügelten.

Von Jaworzno marschierten wir weiter in Richtung Krakau. In Pleszow meldeten sich bereits die ersten Fußkranken. Als Arzt war uns der stellvertretende Leiter der Gesundheitsabteilung der Woiwodschaft, Dr. Rożalski, zugeteilt, der sein Privatauto benutzte. Doch weder von unserem Arzt, noch von dem Sanitätswagen, war eine Spur. Auch einige Wagen mit Lebensmitteln blieben verschwunden. Von Pleszow aus wurde das unserer Truppe zugeteilte Lastauto nach Krakau beordert, um erneut Lebensmittel und Brot zu holen. Nach Berichten der an dieser Fahrt teilnehmenden Personen wurden in Krakau das Tabakmonopol und sämtliche Tabaklager geöffnet und alle Rauchwaren an die vorbeiziehenden Truppen verteilt. Konditoreien und Schokoladengeschäfte verteilten sämtliche Vorräte unter die Truppen, damit ja nichts für die Deutschen übrigbliebe.

Die ganze Zeit über war eine ungeheure Furcht vor Spionen festzustellen. Jeder Volksdeutsche, auch in der Truppe selbst, konnte durch die geringste Unvorsichtigkeit als Spion verhaftet werden. Schon in Jaworzno wurde uns der erste Gefangene zugeführt. Grund der Gefangennahme Spionage, weil er sich nach seiner Truppe erkundigt hatte. Dieser angebliche Spion wurde zunächst durch die Gendarmerie schwer verprügelt, und als er kein Geständnis ablegte, und wohl gar nicht ablegen konnte, an den Wagen gebunden. Er mußte die ganze Zeit barfuß hinter dem Wagen herlaufen. Als er in Jaworzno zum Wagen des Feldgerichts geführt wurde, schlugen Zivilisten auf ihn ein und bewarfen ihn mit Steinen, ohne daß die Gendarmerie dies verhinderte. Frauen warfen Flaschen auf seinen Weg, so daß der Bemitleidenswerte barfuß über Glassplitter gehen mußte. Sein Gesicht war eine einzige Blutkruste. Leider konnte ich nicht feststellen, ob dieser Zivilist ein Deutscher war, was ich vermute.

Von Pleszow marschierten wir zur Nachtzeit, ohne verpflegt worden zu sein, in Richtung Stopnica weiter. Uns überholende Truppen berichteten, daß Krakau kampflos übergeben wurde, was natürlich dazu beitrug, die Disziplinlosigkeit und Unordnung bei uns noch zu steigern. Überhaupt war die Unordnung, wie sie von da an herrschte, kaum vorstellbar. Verstopfte Straßen, schreiende Pferde, schimpfende Unteroffiziere, fluchende Soldaten, ein einziges Chaos. Beim Überqueren eines Grabens fielen unsere Feldküchen um, und vorbei war es mit dem in Vorbereitung befindlichen Abendbrot, das gegen Morgen ausgegeben werden sollte. Zurückflutende Artilleristen und Infanteristen vergrößerten noch die Verwirrung. Unser Marsch verwandelte sich immer mehr in eine panikartige Flucht. Auf dem Wege nach Stopnica begegneten wir größeren Kolonnen von Flüchtlingen aus der Umgebung von Krakau. Sie erzählten uns, daß ihnen von den Magistrats- und Gemeindebeamten erklärt worden wäre, sie müßten unbedingt flüchten, da die Deutschen brennend und mordend durchs Land zögen.

In einem Gutshofe in der Nähe von Pleszow wurde die erste größere Rast gemacht. Unser Kompanieführer Kilian stellte sich in Begleitung von Oberst Bombas, dem proboszcz, ein. Wir mußten im Viereck antreten, und Hauptmann Kilian verzapfte die neuesten Nachrichten, und zwar: Danzig wäre von polnischen Truppen besetzt, Ostpreußen sei ganz eingenommen. In Schlesien näherten sich die polnischen Truppen Breslau, die verbündeten Engländer und Franzosen hätten gleichfalls angegriffen. Französisches Militär wäre 60 km tief in deutsches Land eingerückt. Der Westwall wäre nur ein Bluff gewesen. Berlin läge in Trümmern, die Kruppwerke in Essen seien ein einziger Trümmerhaufen. Hamburg wäre dem Erdboden gleichgemacht usw. Nach Hauptmann Kilian ergriff der Pfaffe das Wort und ermahnte uns mit geölten Worten zur größeren Disziplin. Alsdann wiederholte er die eben gehörten Neuigkeiten. Er erklärte ferner, daß wir uns jetzt nicht mehr rückwärts bewegen würden, sondern vorwärts, der Heimat zu. Als uns das Märchen von den polnischen Erfolgen aufgetischt wurde, fingen einige der zu hinterst stehenden ganz ungeniert an, sich zu räuspern und zu lachen. Keiner der anwesenden 3 Offiziere reagierte darauf.

An eine Verpflegung war gar nicht mehr zu denken. Das Brot war alle, die anderen Lebensmittel nicht aufzufinden. Nur eine geringe Anzahl Soldaten, die Geschick zum Stehlen hatten, bekamen etwas zu essen. Für Geld konnte man nichts bekommen. Am heftigsten litten wir unter dem Trinkwassermangel. Verstärkt wurde der Durst noch durch den aufgewirbelten Staub der schwer versandeten Straßen. In der Nähe von Pazanow begegneten wir größeren Transporten von Verwundeten, die gleichfalls sehr an Durst litten. Auf den unmöglichen Straßen wurden sie unglaublich durcheinandergeschüttelt. 2 Autobusse mit Verwundeten zogen wir aus dem Sande.

Von Krakau ab wurden wir von deutschen Fliegern verfolgt, ohne beschossen zu werden. Die Flieger beschränkten sich m. E. darauf, festzustellen, welchen Weg wir gingen. Hervorheben möchte ich, daß wir selbst dann nicht von ihnen beschossen wurden, als wir ohne jede Deckung über freies Feld marschierten. Vielleicht genügte ihnen auch unsere heillose Verwirrung. Unserer Kolonne hatten sich inzwischen versprengte Artillerie, Infanterie, MG.s und Pioniere angeschlossen. Niemand wußte, wo seine Truppe war. Kurz vor Pazanow bekamen wir die ersten toten Pferde und auch gefallene Soldaten zu sehen. Es waren Soldaten, die nicht im Kampf gefallen waren, sondern durch die eigene Gendarmerie erschossen wurden. Von einem toten Soldaten wurde gesagt, daß es ein deutscher Spion gewesen sei, der sich eine polnische Uniform angezogen habe. Ein Soldat wurde aus meiner Gruppe herausgeführt, der Uniformrock wurde ihm ausgezogen, schon fiel ein Schuß und der Mann sackte in sich zusammen. Später sagte mir der Gendarm auf meine Frage, daß der Erschossene desertieren wollte. Andere Kameraden jedoch wußten zu berichten, daß er während einer Ruhepause eingeschlafen und der Gendarmerie in die Hände gefallen sei. Den Namen des Erschossenen konnte ich nicht feststellen. Ich erfuhr lediglich, daß es ein Volksdeutscher aus Tarnowitz sei. Die Zahl der hinter dem Wagen angebundenen Soldaten und Zivilisten war inzwischen auf 12 gestiegen. Einer von ihnen wollte während einer Rast seine Notdurft verrichten und bat um Loslösung. Dies wurde ihm bewilligt und ihm geheißen, seitwärts zu gehen. Kaum 3 Schritte entfernt fielen 2 Schüsse und der Mann fiel hin. Ich trat näher, um festzustellen, wer er sei, doch wurde ich sofort mit den Worten vertrieben, "Laß das deutsche Schwein liegen". Es durfte niemand wagen, heranzutreten. Anderthalb Stunden später, als die Bewachungsmannschaft schlief, trat ich in Begleitung unseres Sanitäters noch einmal an den Mann heran und stellte fest, daß er noch lebte. Er war mir unbekannt. Es war ein versprengter Schütze, der nach seiner Truppe gefragt hatte. Der Sanitäter trug ihn mit noch 3 Kameraden aus der Sonne in den Schatten. Erst nach einer weiteren halben Stunde wurde er von einem Sanitätsauto abgeholt.

Die unmenschlichste Behandlung mußten auch die anderen Gefangenen über sich ergehen lassen. Es schien, als ob wir alle das letzte Aufflackern der erlöschenden Gewalt Polens doppelt zu spüren bekommen sollten. Nach den gewaltigen Fußmärschen war es verständlich, daß ein großer Teil der Truppe fußkrank war und sich nicht mehr fortbewegen konnte. Die Fußkranken benutzten daher die mitgeführten Trainwagen. Alle anderen, die noch einigermaßen gut zu Fuß waren, traten freiwillig zugunsten der tatsächlich

Kranken zurück bzw. verzichteten nach gutem Zureden auf die Beförderung durch Wagen. Ich muß sagen, daß mir dies sehr angenehm aufgefallen ist, denn bislang hatte ich nicht Gelegenheit gehabt, unsere Truppe von der guten Seite kennenzulernen. Die Führung der Truppe für diesen Abschnitt hatte Leutnant Tracz, der im zivilen Leben Richter am Amtsgericht Kattowitz und bei uns Mitglied des Feldgerichts war. Dieser Leuteschinder prügelte mit einer Pferdepeitsche die Fußkranken von den Wagen herunter. Einwände der Soldaten, daß sie nicht weitergehen könnten und Vorzeigen der wunden blutenden Füße nützte nichts. Als die Vorführung vor einen Arzt verlangt wurde, gab er zur Antwort: "An der Front wirst du einen Arzt bekommen, der dir das Laufen wieder beibringt. Wenn du nicht weiter willst, wirst du erschossen, du Schwein!" Unterstützt wurde Leutnant Tracz dabei durch Leutnant Klosek, der ihn ermunterte, recht tüchtig zuzuschlagen, noch besser aber wäre es, die Leute gleich zu erschießen. Vom Tage der Einberufung ab bis zur Gefangennahme hatten wir keine ärztliche Betreuung. Unser Arzt, Major Rożalski, zog es vor, sich in Gesellschaft der Herren Stabsoffiziere zu amüsieren. Wenn uns der Stab in den eleganten Autos überholte, dann konnten wir auch so manchen Offizier sehen, der eine hübsche Sanitäterin in gutsitzender Uniform dicht neben sich hatte.

Der nächste Haltepunkt war Staschow. Hier kam, o Wunder, ein Lastauto an, das für uns Speck, Fleischkonserven, Kaffee, Zwieback und Zigaretten verladen hatte. Die Lebensmittel wurden sofort an die einzelnen Küchen verteilt, welche sie hinwiederum auf Pferdefuhrwerken unterbrachten. Mein Vorschlag, die Fleischkonserven und den Zwieback sofort unter die Mannschaft zu verteilen, wurde nicht angenommen. Es wurde im Gegenteil von Hauptmann Kilian das strengste Verbot gegeben, irgendetwas zu verteilen. Diese Lebensmittelwagen gingen in den nächsten Tagen einer nach dem anderen verloren, ohne daß wir etwas davon bekommen hatten. Diese Unordnung in der Lebensmittelverteilung scheint auch in anderen Abteilungen geherrscht zu haben. Ich sah eine Gruppe von Artilleristen, wie diese einen Laden gewaltsam öffneten. Kaum war der Laden offen, als sich ein Hauptmann einfand, der mit vorgehaltenem Revolver die in den Laden Eingedrungenen hinaustrieb, um erst, als er sich selbst mit mehreren Flaschen versorgt hatte, den Laden der völligen Plünderung zu überlassen.

Von Staschow ab wurden wir weiter durch deutsche Flugzeuge verfolgt. Diese wurden jetzt öfters durch polnische Flugabwehr beschossen. Doch habe ich nicht ein einziges Mal gesehen, daß ein deutsches Flugzeug heruntergeholt worden wäre, obwohl sie mitunter sehr niedrig flogen. Eine Merkwürdigkeit möchte ich noch erwähnen. Mir fiel auf, daß wir dauernd von ein und derselben polnischen Flugabwehr-Batterie, die an kleine Raupenschlepper gekoppelt war, rücksichtslos überholt wurden. Ob dabei Pferde oder Menschen niedergefahren wurden, spielte keine Rolle. Ich beschloß, mir bei der nächsten Gelegenheit diese Geschütze näher anzusehen. Diese Gelegenheit bot sich auch, als wir längs der Weichsel auf Gongolin zu marschierten. Dieselbe Batterie war da auf dem Weichseldamm aufgebaut. Auf meine vorsichtige Frage an einen Beobachter, weshalb die Batterie denn so hin und her fahre, gab er mir die Antwort, daß er dies selbst nicht verstehe. Wenn sie von einer Stellung aus ein paar Schuß abgegeben hätten, müßten sie sofort wieder eine andere Stellung beziehen. Als ich ihn fragte, weshalb wir denn kein einziges polnisches Flugzeug zu sehen bekämen, die Stärke der polnischen Luftflotte wäre doch vorher so gerühmt worden, schüttelte er resigniert den Kopf und sagte, daß er diese Frage auch schon an seinen Batterie-Führer gestellt habe, der sie nicht beantworten konnte. Später erfuhr ich von deutschen

Soldaten, daß 80 v. H. der polnischen Flugzeuge "von Herrmann" am 1. 9. vernichtet worden waren.

Als wir auf unserem "Vormarsch" - nach der Behauptung von Pfarrer Bombas - Pazanow näherten, platzten plötzlich kurz vor der Stadt aus heiterem Himmel ein paar Schrapnells mitten in unsere Kolonne hinein. Deckung zu nehmen fiel niemandem ein. Alles machte kehrt, so gut es ging, während immer neue Granaten zwischen uns landeten. Ich befand mich mit meinem Wagen am Ende der Kolonne. Als der Tanz losging, nahm ich nur meinen Brotbeutel mit, worin sich meine allernotwendigsten Sachen befanden und trachtete danach, möglichst schnell nach vorn zu kommen. Wenn auf uns geschossen wurde, waren also die deutschen Soldaten nicht mehr fern. Also nach vorn, ihnen entgegen, das war die Freiheit und die Rettung. Am Rande der Stadt stand eine Dampfmühle. Das Maschinenhaus war das einzige Gebäude, in welchem ich glaubte, in Ruhe die Ankunft deutschen Militärs abwarten zu können. Vor dem Eingang ins Maschinenhaus begegnete ich Leutnant Gora, der ganz verstört war und vorwurfsvoll zu mir sagte: "Die beschießen uns ja, wie komme ich nur weg von hier?" Ich beschränkte mich darauf, ihm zu antworten: "Ja glaubten Sie denn, die Deutschen werden mit Bonbons nach uns werfen?" Dann gab er mir den Rat, mitten über den Hügel zurückzulaufen, der noch unter Feuer lag. Ich zog es jedoch vor, um die Ecke zu gehen und über einen Kokshaufen hinweg in das Innere des Maschinenhauses zu gelangen. Hier kroch ich in einen gemauerten Kanal, der die Dampfleitung vom Kesselhaus zur Dampfmaschine führte. Über mir eine starke Eisenplatte, lag ich zusammengekauert auf zwei Rohren, unbequem aber sicher, während draußen der Teufel los war. In das Krachen der berstenden Granaten mischte sich jetzt auch noch das Tacktack der polnischen Maschinengewehre. Es war gegen 11 Uhr, als ich in den Kanal kroch. Gegen 16 Uhr trat Stille ein, und ich mußte, da mir inzwischen alle Glieder durch die unbequeme Lage wehtaten, heraus. Außerdem hatte ich qualvollen Durst. Das Gebäude zu verlassen wagte ich nicht, da ich mich vorher überzeugt hatte, daß noch polnisches Militär auf dem Hofe lagerte. Vom Maschinenraum aus führte eine Treppe wahrscheinlich in die Wohnung des Hausmeisters. Gerade als ich im Begriff war, den hinter dieser Tür liegenden Raum abzusuchen, hörte ich Schritte. Also zurück in den Kanal. Ich hörte, daß ein Mann und eine Frau die Treppe herabkamen. Aus ihrem Gespräch konnte ich entnehmen, daß sie 2 Säcke trugen, welche sie unter dem Kokshaufen vergruben. Noch als der Mann mit dem Verscharren der Säcke beschäftigt war, kamen wieder Personen in den Maschinenraum. Diesmal waren es 3 polnische Soldaten. Einer davon, ein ehemaliger Arbeiter in der Mühle, erklärte seinen Kollegen, daß er die Maschine vor 6 Wochen aufgestellt habe. Dabei sahen sich die anderen die Maschine von allen Seiten an und stellten sich auf die Platte, die mich deckte. Nachdem sie noch tüchtig auf die Deutschen geflucht hatten, die jetzt wahrscheinlich die Maschinen ausbauen und wegschaffen würden, verließen sie den Raum. Einer der drei machte noch den Vorschlag, die Maschine zu sprengen, damit sie für die Deutschen unbrauchbar wäre. Nachdem es völlig dunkel war, wagte ich mich wieder aus dem Versteck. Plötzlich glaubte ich, gedämpfte deutsche Laute zu hören. Es klang, als ob jemand hinter der Tür telephonierte und Zahlen weitergab. Ich war schon im Begriff, das Gebäude zu verlassen, als ich von der anderen Seite wieder Kommandos hörte. Es mußten also noch polnische Soldaten auf dem Hofe lagern. Während ich meine Lage bedachte, wurden hinter der Tür polnische Stimmen laut, und der Riegel der Tür wurde zurückgeschoben. Ich konnte gerade noch in den Kanal schlüpfen und hörte, daß 2 Personen das Maschinenhaus betraten, die sich leise polnisch unterhielten. Es mögen vielleicht 3 Minuten vergangen sein, als der Mühlenhof von neuem beschossen wurde. Sämtliche Scheiben des Gebäudes flogen heraus. Draußen hörte man in den Einschlagpausen Schmerzensschreie, Kommandos und Fluchen. Nach einer halben Stunde wurde es wieder still. Die 2 Personen entfernten sich aus dem Maschinenhaus, das nicht getroffen worden war. Nach einer Weile kam wieder jemand, der hineinrief: "Unteroffizier Pietrowski, wir marschieren ab!" Auch draußen wurde noch mehrere Male nach Unteroffizier Pietrowski gerufen. Doch dieser war nicht zu finden. Ich lag noch längere Zeit still in meinem Loch und versuchte einzuschlafen. Dies war aber in der unbequemen Lage und des fürchterlichen Durstes wegen nicht möglich. Plötzlich näherten sich meinem Kopfe glühende Pünktchen, Ratten. Vom Ekel gepackt verließ ich den Kanal, mochte kommen was da wollte. Den Rest der Nacht verbrachte ich auf dem Zementboden hinter der Dampfmaschine liegend.

Mit dem grauenden Morgen kam neue Lebensenergie. Ein vorsichtiger Blick durch das Fenster belehrte mich, daß draußen noch polnisches Militär nach Pazanow zog. Auf dem Hügel hinter dem Maschinenhaus standen MG.s und ein Minenwerfer. Jetzt konnte mir nur Frechheit helfen. Schnell entschlossen zog ich mich barfuß aus, nahm meine Sachen in die Hand und raus auf die andere Seite. Hier setzte ich mich auf eine Wiese und begann meine Morgentoilette. Vorerst stillte ich jedoch meinen Durst. Ich fand einen Brunnen, der klares, gutes Wasser hatte. Als ich fertig war, machte ich mich dann auf den Weg nach der Stadt, enttäuscht, daß die Deutschen nicht gekommen waren. Am Ringplatz in Pazanow begegnete ich 7 Wagen unserer Kolonne und erfuhr, daß diese versprengt war. Nach etwa 4 Stunden Rückmarsch hatten sie wenden und nach Pazanow zurückmarschieren müssen. Ferner erfuhr ich durch Unteroffizier Bednorz aus Petrowitz bei Kattowitz, der sich tags zuvor an der Spitze unserer Kolonne befand, daß sie von Offizieren einer MG.-Kompanie, die hier lag, mit vorgehaltenem Revolver gezwungen wurden, Gewehre Gefallener aufzunehmen, und am Hange in Stellung zu gehen, um angreifende deutsche Truppen anzuwehren. Am Ringplatz versorgten sich ausgehungerte Soldaten wiederum auf ihre Art mit Lebensmitteln. Nicht weniger als 10 Geschäfte mußten daran glauben. Was das Militär übrig ließ, wurde, wie üblich, durch Zivilpersonen gestohlen. Mittlerweile kam wieder Bewegung in die Truppen, und auch ich mußte mit meinen 7 Wagen losgehen. Einen Kilometer hinter der Stadt wurden wir von deutschen Fliegern auf freiem Felde gesichtet. Die Folge war, daß alles ins Stocken kam, weil Fliegerdeckung genommen wurde. Ich versuchte nun, zu erfahren, wo die Spitze unserer Kolonne geblieben war und nahm das Pferd des Leutnants Klosek, der bei der Spitze war, und ritt querfeldein. Ich begegnete 2 Offizieren, bei denen ich mich nach dem Stab der 23. Infanteriedivision erkundigte. Sie entgegneten, daß sie keine Ahnung hätten, was für Truppen in der Umgebung wären, ich solle den Herrgott fragen. Schon vorher und auch später mußte ich feststellen, daß überhaupt keine Verbindung untereinander bestand. Jede Abteilung marschierte für sich. Auf dem Rückwege zu meinen Leuten bekamen wir wieder Artilleriefeuer, und zwar diesmal aus Pazanow. Nun ging das Gehetze und Gejage von neuem los. Alles trachtete danach, aus dem Feuerbereich herauszukommen. Zu meiner größten Enttäuschung mußte ich erkennen, daß ich mein Versteck 3 Stunden zu früh verlassen hatte. Pazanow war bereits in deutschen Händen. In der Kolonne fehlte manch Pole. - Desertiert!

Von meinen 7 Wagen hatte ich nur noch 4. Drei lagen vernichtet im Graben, die Pferde tot, die Begleitung gefallen. Eine Granate war während meiner Abwesenheit mitten hineingefahren. Ich versuchte, wenigstens festzustellen, wen es erwischt hatte, doch war das Gedränge zu groß. Also blieb mir nichts anderes übrig, als wieder nach vorn zu gehen. Ungefähr 20 km weiter, ich glaube, der Ort heißt Opatow, traf ich auf den anderen Teil meiner Kompanie.

Auch der Stab hatte dort Rast gemacht. Die Herren Offiziere lagen alle völlig erschöpft im Schatten. Als ich Hauptmann Kilian meldete, daß ich 4 Wagen und 20 Mann angebracht habe, daß 3 Wagen unterwegs durch Artilleriefeuer zerstört wurden, und daß die Begleitmannschaft gefallen sei, entgegnete er nur: "So, so, Sie sind also wieder da, haben Sie wenigstens mein Gepäck mitgebracht?" Keine Frage nach den Namen der Toten. Empört über soviel Verantwortungslosigkeit entgegnete ich ihm nur: "Nein" und trat ab. Später erfuhr ich durch Leutnant Kratzla, daß mein Verschwinden trotz der großen Unordnung aufgefallen war und Leutnant Kilian gemeldet wurde.

Die uns begleitende Gendarmerie, in welcher nach meinen Beobachtungen anfangs noch einigermaßen Disziplin herrschte, verwandelte sich jetzt langsam in eine Bande. Nachdem die Gendarmen ihre eigenen Vorräte verbraucht hatten und bei der Zivilbevölkerung absolut nichts Eßbares bekommen konnten, erschienen sie bei uns. Den Fahrer des einziges Wagens mit Zwieback und Fleischkonserven, der uns noch geblieben war, terrorisierten sie und stahlen einfach die Fleischkonserven weg. Ausgehungert und übermüdet mußten wir tatenlos zusehen, da die Gendarmen schwer bewaffnet waren, während die politisch Verdächtigen keine Schußwaffen hatten.

Einmal gelang es mir und 3 Volksdeutschen, eine Gans aufzutreiben. Ich konnte lediglich in mein Stück zweimal hineinbeißen. Das andere wurde mir von Soldaten vom Munde abgebettelt, und als sie sahen, daß ich anfing, das Fleisch zu teilen, wurde es mir glattweg aus der Hand gerissen. Solche Szenen ereigneten sich regelmäßig, wenn einmal etwas Eßbares aufgetrieben worden war.

Die Auflösung unserer Kolonne ging nun immer schneller vor sich. Von deutschen Flugzeugen verfolgt, von der deutschen Artillerie andauernd auf die Beine gebracht, näherten wir uns der Ortschaft Gongolin, wo sich unser Schicksal erfüllen sollte. Wir bekamen den Befehl, über die Weichsel nach Sandomir zu gehen. Ich wunderte mich, woher immer noch Befehle kamen, denn das, was in Gongolin ankam, war keine Truppe mehr. Es war eine Horde, die danach trachtete, möglichst schnell nach vorn zu kommen. Von Gongolin führte eine neue hohe Holzbrücke über die Weichsel, die jedoch noch nicht fertiggestellt war. Es fehlte ungefähr das letzte Fünftel. Es hieß, die Brücke werde in ungefähr 4 Stunden provisorisch fertig sein, so lange sollten wir vor der Brücke rasten. Der Platz war linker Hand von einem hohen Staudamm eingegrenzt, rechter Hand war das Weichselufer mit Gestrüpp bewachsen. Vor uns die hohe Brücke war gleichfalls auf einem hohen Damm gebaut. In diesem Kessel, der ohne jeglichen Schutz gegen Fliegersicht war, kam alles hinein: Flugabwehr, schwere Artillerie, MG.s und unser Train. Wir waren ziemlich weit hinten, da wir zuletzt über die Brücke gehen sollten. Ich sagte noch zu Leutnant Kratzla: "Wenn wir hier von Fliegern gesichtet werden und die deutsche Artillerie schießt auf uns ein, oder wenn die Brücke mit Bomben belegt wird, kommt hier niemand lebend heraus." Entweder hat nun dieser Lagerplatz Hauptmann Kilian nicht gefallen oder aber, er wurde von unserem Vizefeldwebel Michalik auf die Gefährlichkeit der Stellung aufmerksam gemacht, wir bekamen jedenfalls den Befehl, 1 km flußabwärts zu marschieren und eine Furt zu benutzen, um über die Weichsel zu kommen. Mit Mühe und Not kamen wir aus dem Kessel heraus, während immer neue Truppen hineingingen. Wir hatten den Kessel noch nicht gänzlich verlassen, da gab es auch schon Fliegerbesuch. Wir machten, daß wir im Galopp fortkamen. Kaum 100 m flußabwärts, wir waren gerade unter Bäumen angelangt, ging der Tanz los. Erst wurde die Brücke in Brand geschossen und dann der Rastplatz im Kessel mit Granaten belegt. Nur wenige kamen lebend heraus und flüchteten uns nach. Später, als Stille eintrat, hatte ich Gelegenheit, mir diese Stätte des Grauens anzusehen, und die Wirksamkeit der deutschen Artillerie kennenzulernen.

Unsere Kolonne war inzwischen an die Furt gekommen. Dort waren ein größeres Floß und 2 Boote, die zum Übersetzen benutzt wurden. Als Erster ging unser Zahlmeister in einem schönen elfenbeinfarbenen Mercedesauto auf das Floß und wurde hinübergesetzt. Die anderen Wagen und Soldaten machten am Ufer und in dem angrenzenden Weidenhain Rast, um zu warten, bis sie an die Reihe kämen. Viele andere und auch ich nützten die Gelegenheit, ein gutes Bad in der Weichsel zu nehmen. Dadurch vielleicht und auch, weil das Übersetzen langsam ging und immer neue Truppen hinzukamen, gab Hauptmann Kilian den Befehl "Alles durchs Wasser auf die andere Seite!" Doch niemand machte Anstalten, diesem Befehl Folge zu leisten. Da zog Kilian seinen Revolver und trieb die Zunächststehenden, wie sie waren, ins Wasser. Die Weichsel war an dieser Stelle zirka 1.50 m tief. Dies war also eine Tiefe, die alle hätten durchwaten können. Doch waren wir vorher von einheimischen Flössern gewarnt worden, daß hier verschiedene tiefere Stellen seien. Meiner Meinung nach wußte Kilian davon. Das Überqueren war also nur bei Festlegung des genauen Weges möglich, was aber durch das übereilte Hineintreiben der Soldaten verhindert wurde. Die Ersten gingen quer durchs Wasser. (Die Weichsel ist an dieser Stelle zirka 30 m breit.) Die anderen, welche sich inzwischen völlig entkleidet hatten und ihre Sachen auf dem Gewehr über der Schulter trugen, wurden hinterher getrieben. Als die Soldaten nicht schnell genug vorwärts kamen, gab Hauptmann Kilian ein paar Schüsse ab. Neben ihm stand seine hübsche Begleiterin, die sich alles mit ansah. Ungefähr in der Mitte der Weichsel sah ich 2 Soldaten untergehen. Sie kamen wieder hoch und machten verzweifelte Anstrengungen, herauszukommen. Doch vergeblich, die Rüstung zog sie wieder in die Tiefe. Niemand konnte ihnen helfen. Noch drei weitere Soldaten kamen in dieselbe tiefe Stelle und ertranken. Die Nachfolgenden verteilten sich nach links und rechts und gerieten in andere Tiefen. Einigen gelang es, das andere Ufer schwimmend zu erreichen. Sie mußten aber alles, was sie sich aufgeladen hatten, den Fluten überlassen. Hauptmann Kilian stand noch immer mit der Waffe in der Hand am Ufer. Bald gingen auch Artillerie und MG.s mit Pferden und Wagen durch das Wasser, um in dem nächsten tiefen Loch zu verschwinden. Um Hilfe rufende Menschen, denen niemand helfen konnte, brüllende, ertrinkende Pferde, dazu Schüsse am Ufer, ein Bild des Grauens. Worte können diese Szenen nicht wiedergeben. Es war das Schrecklichste, was ich bisher gesehen hatte. Um die Panik vollständig zu machen, erschienen über uns drei deutsche Bomber, die sehr niedrig flogen, aber von niemandem beschossen wurden. Auch diesmal griffen sie uns nicht an. Diese Tragödie der 23. Division an der Weichsel hätte im Bilde festgehalten werden müssen, um als Anklage gegen die englischen Kriegshetzer zu dienen, die ein unfähiges Polen gegen Deutschland in den Krieg hetzten. Nachdem ich etwa 20 Menschen hatte ertrinken sehen, wandte ich mich voller Grauen zu meinem Fahrwerk.

Jetzt war der Augenblick gekommen, wo ich von den Polen loskommen mußte. Mit einem Kattowitzer Friseur verabredete ich mich an der Brücke, um von dort je nach Lage der Dinge entweder direkt auf die Deutschen zuzugehen, oder nach unserem letzten Rastplatz zu marschieren. Der Friseur erschien jedoch nicht. Wie ich später erfuhr, hatte er versucht, Pferd und Wagen an die Bauern zu verkaufen. So fuhr ich denn mit Leutnant Kratzla und Vizefeldwebel Michalik zu unserem alten Übergangsplatz zurück. Dort sah es fürchterlich aus. Außer den unzähligen Leichen Ertrunkener, die am Ufer lagen oder sich auf Sandbänken verfangen hatten, sah man die Kadaver der ertrunkenen Pferde. Nach vorsichtiger Schätzung mögen hier im ganzen gegen 400 Soldaten ertrunken sein. Protzen, Munitionswagen, Geschütze, MG.s, Trainwagen standen im Wasser. Bemannung und Bespannung waren ertrunken. Am Ufer umgestürzte Wagen, fortgeworfene Gewehre, Granaten, zerschlagene Sanitätskisten, Decken, Uniformstücke, Lebensmittel und vieles andere durcheinander. Verlassene Autos und Motorräder standen umher und waren in aller Eile betriebsunfähig gemacht worden. Unter den Bäumen sitzend, sah ich Verwundete, um die sich niemand kümmerte. Ich selbst habe einem Soldaten das Knie verbunden, der von eigenen Leuten angeschossen war. Aber auch Verwundete lagen da, die von der Front zurücktransportiert wurden und hier am Weichselübergang einfach liegenblieben. Vizefeldwebel Michalik selbst war von der Panik ergriffen und wollte unbedingt mit uns ans andere Ufer, während ich danach trachtete, Leutnant Kratzla und den Kraftfahrer Patrzek auf dem diesseitigen Ufer bis zum nächsten Tag zurückzuhalten, da ich hoffte, dann endlich deutschen Truppen zu begegnen. Michalik fand stromabwärts ein Paddelboot ohne Paddel, mit welchem er versuchte, ans andere Ufer zu kommen. Kaum war er im Boot, als dieses kippte. Es stand gerade über einer tiefen Stelle. Michalik versank sofort, kam aber bald wieder hoch und wurde von Patrzek und mir wieder ans Ufer gezogen. Durch dieses kalte Bad ließ er sich aber nicht abhalten, bestieg das Boot an ungefährlicherer Stelle von neuem und fuhr hinüber. Da auch Leutnant Kratzla und Kraftfahrer Patrzek davon sprachen, nach Tarnobrzeg zu fahren, um dort durchzukommen, verließ ich die beiden unter dem Vorwand, Trinkwasser zu holen. Da ich mir die Gegend schon angesehen hatte, wußte ich, wohin ich mich wenden mußte. In der Mitte der in der Nähe gelegenen Siedlung, es waren etwa 13 Bauernhäuser, suchte ich mir, gewitzt durch die letzten Erfahrungen, einen geräumigen Keller in der Nähe eines guten Brunnens aus. Im Keller waren Federbetten und anderer Hausrat des Bauern. Hier machte ich es mir bequem. Später kam die Bäuerin, die gar nicht erstaunt war, mich zu sehen. Sie erzählte mir u. a., daß der Dorfschulze auf Anordnung des Landrats allen Bauern befohlen habe, zu flüchten, und das Anwesen vorher in Brand zu stecken, denn nach dem Kriege müsse der Deutsche ja alles bezahlen, und sie könnten sich nachher alle gemauerte Häuschen an Stelle der alten Holzhäuser aufstellen. Bauernschlauheit siegte hier jedoch über die Dummheit des Landrats. Die Bäuerin ließ sich zureden, hübsch zu Hause zu bleiben und sich zu keiner Tat hinreißen zu lassen, die den deutschen Truppen schaden könnte. Ich erfuhr ferner, daß eine Lehrerin aus Baranow, der Ort liegt in der Nähe der Siedlung, kurz vorher die Zivilbevölkerung überreden wollte, für den Fall, daß deutsches Militär erscheinen sollte, dieses aus dem Hinterhalt zu beschießen. Waffen und Munition gäbe es auf der Polizei. Doch als der erste Kanonendonner zu hören gewesen sei, wäre sie geflüchtet. Die Bäuerin erklärte ferner, daß es ihr persönlich ganz gleich wäre, ob sie unter Deutschland oder Polen lebe, arbeiten müsse sie sowieso, und ohne Arbeit gebe ihr der Herrgott auch nichts. Sie schlachtete ein Huhn aus Freude, daß ihr Anwesen nicht in Flammen aufgegangen war. Auch ich bekam einen Anteil an der warmen Suppe und dem Fleisch. Wie mir diese erste warme Suppe geschmeckt hat, kann nur der verstehen, der 12 Tage buchstäblich nur von etwas trockenem Brot und Wasser gelebt hat. Nach dem Essen kam der Sohn und brachte allerhand Sachen angeschleppt, die er an der Weichsel aufgelesen hatte. Am Abend drängte mir der Sohn, ein kräftiger Bursche, seine Gesellschaft auf und wich nicht von meiner Seite. Bald kam ich dahinter, daß er es auf meine goldene Armbanduhr abgesehen hatte. Schon die Schwester hatte wiederholt der Hoffnung Ausdruck gegeben, an der Weichsel eine Uhr zu finden. Als ich später mit ihm in den Keller ging, um zu ruhen, bemerkte ich, wie er aus seiner Jackentasche ein Rasiermesser zog und es vorsichtig hinter sich versteckte. Eine Leiche mehr wäre am Weichselstrande niemandem aufgefallen. Ich hatte zwar mein Seitengewehr bei mir, doch der Bursche war mir körperlich überlegen. Hier konnte mich nur eine List retten. So fragte ich ihn denn, was er mit seinen Kollegen an den langen Sommersonntagen mache, und ob er schon über diesen und den Nachbarort hinausgekommen sei. Er war über einen Umkreis von 10 km noch nicht herausgekommen. Sonntags hatten die jungen Männer nur Mädchengeschichten im Kopfe. So erzählte ich ihm denn, daß wir in Schlesien in unserer Freizeit Sport betrieben haben wie Boxen, Säbelfechten und Ringkampf, insbesondere eine japanische Art von Selbstverteidigung, welche Jiu-Jitsu heiße. Diese Art von Kampf sei meine Spezialität. Ein Kind, das diesen Kampf beherrsche, könne mit ein paar Griffen einen großen starken Mann umlegen. Unter dem Eindruck des Gesagten sah ich zu, daß ich aus dem Keller kam. Später kam der junge Mann mit 2 Burschen wieder, die er sich anscheinend als Verstärkung mitgebracht hatte. Ich jedoch war vorsichtig und suchte mir heimlich ein anderes Lager.

Andern Tags stellte ich fest, daß auch in den anderen Gehöften Soldaten waren, die die günstige Gelegenheit wahrnahmen, um dem polnischen Joch zu entkommen. Wir waren insgesamt 24 Mann, die alle von mir wissen wollten, was nun zu tun sei. Ich gab ihnen den Rat zu warten, bis deutsche Truppen kämen. Während des Vormittags wurde ich von einer Frau aus dem Nachbargehöft angerufen, die mir mitteilte, daß beim Schulzen deutsche Soldaten seien. Ich solle mich dort melden. Dies hören, meinen Tornister und Brotbeutel erwischen und im Galopp hin, war das Werk von wenigen Sekunden. Die heißersehnten deutschen Soldaten waren da. Ich glaube, daß ich noch nie so schnell gelaufen bin wie dieses Mal. Vor dem Hause des Schulzen begegnete ich einem deutschen Motorradschützen. Tornister und Brotbeutel flogen weg und ich fiel dem verdutzten Bayern mit "Heil Hitler" um den Hals. Ich war gerettet und wieder bei Menschen, mit denen ich mich eins fühlte, kriegsgefangen und doch frei. Nun holte ich alle Volksdeutsche herbei, wer ein Seitengewehr hatte, legte es in den Beiwagen des Motorrades, und wir wurden dann ohne Bewachung zum nächsten Sammellager geschickt, das sich in der Nähe der Ortschaft Osiek befand. Osiek war völlig ausgebrannt. Wo früher ein Holzhaus gestanden hatte, sah man nur noch den gemauerten Kamin einsam in die Luft ragen. Brandgeruch durchdrang alles. Dieser Ort war durch polnische Artillerie in Brand geschossen worden. Solche Bilder sah ich noch öfters. Im Sammellager angekommen, wurden wir mit Hallo empfangen. Wir trafen dort etwa 200 Mann, darunter viele von unserer Kompanie. Diese Gefangenen waren bereits verpflegt. Sie hatten Brot mit Fett und Kaffee mit Milch bekommen. Es gab viel zu erzählen. Unsere deutsche Kameraden berichteten uns, wie es in Wahrheit um Polen stand, und daß der Feind im Westen und Norden nicht einen einzigen Erfolg hatte buchen können. Wir waren alle glücklich, daß die Dinge so lagen und nicht, wie es uns die Offiziere vorgelogen hatten. Glücklich über diese Nachrichten waren auch die zahllosen polnischen Überläufer. Sie fühlten nun ihr nationales Gewissen entlastet und erklärten, sie hätten gleich gewußt, daß ein weiterer Widerstand völlig sinnlos sei. Ich stellte fest, daß ich mich viel später verdrückt hatte, als die meisten dieser Nationalpolen. Nachdem ich mit eigenen Augen die sinnlose Ermordung volksdeutscher Soldaten mit angesehen hatte, hatten mich die Polen ja selbst aller Pflichten und Eide entbunden. Ein Wunder, daß ich und andere dem Schicksal der Erschießung entgehen konnten, das so viele traf.

In Schidlow wurden die Volksdeutschen in Stärke von 450 Mann zu einem Sondertransport zusammengestellt. Ich übernahm die Führung. Mit lautem Gesang marschierten wir in die Freiheit, heim ins Großdeutsche Reich. Niemand kann es wohl so glühend lieben

wie wir. Für Führer und Reich in dem uns aufgezwungenen Kriege
zu kämpfen, das sei nun unser Dank.

* * *

[***Anmerkung des Verlags:** *"Schon seit dem 20. August wurden
durch die örtlichen Polizeiorgane fieberhaft Gestellungsbefehle ausgetragen. Meine Einberufung erhielt ich am 24. 8. morgens um
5 Uhr..."* **Wie auch die Aussage von Leutnant Hans Mauve
(Kapitel 11) zeigt dies, daß Deutschland Polen nicht am 1. September 1939 "angriff", wie es heute immer und immer wieder
behauptet wird.** Eine Mobilisation der Streitkräfte eines Landes ist
eine *de-facto*-Kriegserklärung. Wenn Polen bereits am 20. August
seine Mobilisation vorbereitete, dann war es **Polen,** das damit die
erste Kriegshandlung beging. Dies geht auch aus dem Ausspruch
hervor, den Adolf Hitler **12 Tage später,** am 1. September, machte:
"Seit 5.45 Uhr wird jetzt **zurück**geschossen!"]

4

Eine deutsche Granate rettete
mir das Leben

Soldat Otto Teppner, Friedenau bei Bentschen

Der 8. September 1939 wird mir das ganze Leben lang unvergeßlich bleiben. Es krachte von allen Seiten. In Ermangelung von Karabinern hatte man vielen von uns Teschings gegeben. Eine feine Waffe gegen die deutschen Tanks! Durch die Bomber und die allgemeine Verwirrung war unser Bataillon auseinandergeraten.

Wir drei Volksdeutschen, ein Lehmann aus der Wollsteiner, ein Scheder aus der Posener Gegend und ich, wir gehen gerade über Wiesen und Felder. Entweder zusammen leben oder zusammen sterben, das ist unsere Parole. Plötzlich saust aus der Höhe ein deutsches Jagdflugzeug herab. Wir in das erste beste Loch. Ringsherum spritzt der Dreck nur so von den Kugeln. Ausgerechnet uns drei muß es sich vornehmen. Verwundet ist keiner von uns, aber der Schreck verschlägt uns den Atem...

Wir geraten bald wieder auf die Straße, fragen nach unserem Bataillon. Der Offizier einer fremden Truppe merkt wohl, daß unsere Aussprache nicht echt klingt und revidiert unsere polnischen

Militärpässe. Als er unsere deutschen Namen liest, ruft er: "Wieder deutsche Spione" und läßt uns verhaften. Mit geladenem Gewehr jagt man uns vor der Truppe her...

Langsam wird es dämmrig. Wir marschieren um unser Leben, lösen uns von der Truppe und fragen weiter vorne noch mal nach unserer Kompanie. In diesem Augenblick gehen irgendwo deutsche Leuchtkugeln hoch. Und schon greifen sie diesmal nur mich, durchsuchen ausgerechnet mich nach Leuchtkugeln. Unsanft werde ich auf einen Wagen gesetzt. Wieder verhaftet. Von drei Polacken streng bewacht, so fahre ich nach Warschau, bis vor die Stadt. Ausrücken? Unmöglich.

Plötzlich taucht wieder der Oberleutnant vom Lissaer Inf.-Rgt. 55 auf, der mich das erstemal hatte verhaften lassen. Er befiehlt: "Alle deutschen Spione erschießen." Und nun merke ich, daß noch mehr volksdeutsche Soldaten von dem wahnsinnigen Spionageriecher gegriffen worden sind. Einige polnische Soldaten sollen auf uns schießen. Sie weigern sich. Der Offizier tobt und holt in seiner Wut einen der Niemcy vom Wagen, führt ihn einige Schritte seitwärts und knallt ihn selber nieder. Trotz der Dunkelheit kann ich noch sehen, wie der Deutsche zusammensackt und höre, wie er stöhnt. Anscheinend lebt er noch. Trotzdem fangen sie an, ihn mit Erde zu beschütten. Der Oberleutnant - er ist mittelgroß und trägt eine Brille - holt den zweiten Deutschen. Es knallt wieder. Und schon kommt er auch nach mir. Jetzt kriegen auch meine Wachtposten Lust, drei Mann, die mir schon vorher den Lauf des Karabiners mehrmals an den Kopf gelegt und gezielt hatten, um sich an meiner Todesangst zu weiden. Ich gehe vom Wagen runter, bete noch schnell, sehe, wie die Gewehrläufe sich heben...

Da! Ein Sausen und ohrenbetäubender Krach! Eine Granate haut mitten in unsere Truppe hinein. Den Polacken sinken vor Schreck die Gewehre. In dem nun entstehenden Wirrwarr renne ich wie ein Wilder davon, über eine Straße, durch ein Loch zu einem Bahnhof, unter den Waggons durch, in ein Kohlfeld, krieche, verstecke mich unter Ziersträuchern. Weiter geht's nicht, denn vor mir sind wieder polnische Truppen. Einen Augenblick fährt mir der Gedanken durch meinen wirren Kopf, ob auch die anderen deutschen Todeskandidaten getürmt sind. Ob die Schüsse, die da weiter fallen, ihnen gelten?

Bald merke ich, daß ich zwischen die Fronten geraten bin. Wumm, wumm, so geht es von beiden Seiten. Die Maschinengewehre rattern in einem fort. Ich höre die Kugeln über mir pfeifen. Der Morgen dämmert. Plötzlich kommt ein deutsches Motorrad angesaust. Deutlich erkenne ich den deutschen Fahrer. Schon will ich hochspringen, da sehe ich, daß er getroffen vom Rade stürzt. Ich höre einen Polen schreien: *"Widzisz bracie."* Und nun geht das Gefecht hin und her. Die Deutschen müssen zurück. Die Polen folgen, hinterher die Krankenträger. Zwei von ihnen kommen auf mich zu. Das Herz klopft mir zum Zerspringen. Ich stelle mich tot. "Laß den liegen", sagt einer, "der lebt nicht mehr." Gott sei Dank! Sie gehen weiter. In den nun folgenden Stunden bekomme ich eine Vorstellung, was Ewigkeit bedeutet.

Den ganzen Tag liege ich still da. Nur den Kopf nicht heben, sonst knallt es von beiden Seiten! Erst abends krieche ich vorwärts auf die deutschen Stellungen zu. An einer Wasserpfütze saufe ich die dreckige Plurche mit dem Mund, wie das Vieh. Als ich den Kopf hebe, übermannt mich die Schwäche. Ich reiße alle Kräfte zusammen. Weiter! Aber stimmt die Richtung noch?

Ich komme an etwas, was wie eine Dorfstraße aussieht. *"Stój",* brüllt jemand. Verflucht nochmal! Ich bin wieder auf Polacken gestoßen. Reißaus, über ein Rübenfeld, rein in einen Graben. *"Stój",* brüllt der zum zweiten Male. Im Mondenschein sehe ich plötzlich einen polnischen Soldaten. Das aufgepflanzte Bajonett blinkt. Wie ein Fuchs schleiche ich um ihn herum. Weiter!

Am Sonntagmorgen stoße ich auf ein einzelnes Gehöft. Die Weiber geben mir Brot und eine Tasse Milch, dann haue ich ab. Da halten sie mich am Mantel fest und eine Baba beschwört mich: *"Nie idz tam, tam sa szwaby."* Mit Gewalt muß ich mich losreißen. Es dauert nicht lange, da bin ich richtig bei den Deutschen... Frei!

Mit Empörung denke ich immer wieder an jenen polnischen Oberleutnant, der seine Wut über die militärischen Mißerfolge an uns volksdeutschen Soldaten ausließ und zum gemeinen Mörder wurde. Und mit Dankbarkeit an die Granate, die mir das Leben rettete.

5

Die polnische Mörderkugel
verfehlte mich

Soldat Ludwig Henninger, Ostwehr-Warthegau

In vielen deutschen Häusern hört man heute noch klagen: "Er ist immer noch nicht zurück. Er muß also tot sein!"

Auf welche Weise viele deutsche Männer im polnischen Heere umgekommen sein mögen, lassen meine Erlebnisse ahnen.

Ich mußte mich schon am 24. August als Artillerist in Hohensalza stellen und mit mir zahlreiche Volksgenossen. Die Behandlung war in jeder Beziehung unwürdig. Eingekleidet wurden wir erst nach Ausbruch des Krieges, und zwar wegen der deutschen Fliegergefahr auf den umliegenden Gütern. Offiziere und Unteroffiziere hetzten die Soldaten so auf, daß wir Deutschen, obwohl wir im polnischen Rock steckten, dauernd angepöbelt und angerempelt wurden. Die schlechtesten Drillichsachen und Schuhe hatte man uns verpaßt. Und wehe, wenn ein Deutscher die empfangenen Stiefel oder Schuhe umtauschen wollte! Ob sie paßten oder nicht, er bekam keine anderen. Soweit es ging, tauschten wir Deutschen sie untereinander aus.

Am 4. September sollten wir Hohensalza mit einer Bagagekolonne von 40 Wagen verlassen. Es war bekanntgeworden, daß die Polizei aus Hohensalza und Umgebung volksdeutsche Zivilisten, Internierte, zusammengetrieben hatte. Daraufhin beschlossen einige polnische Heißsporne, den Deutschenhaß der Truppe aufzupeitschen, gingen hinter die Kaserne, schossen eine Weile in die Luft und erzählten dann, deutsche Zivilisten hätten sie beschossen. Dieser verbrecherische Schwindel erzielte die beabsichtigte Wirkung. Deutsche Zivilisten wurden mißhandelt, verfolgt und niedergeschossen.

Da ich mich in dem dünnen Drillichrock schon in den ersten Nächten stark erkältet hatte und Ruhranfälle bekam, war für mich nachher auf dem Rückmarsch der Anblick geschlagener Volksgenossen eine unbeschreibliche Tortur. Auf dem Wege nach Płowce traf unsere Truppe einen Zug von 160-180 deutschen Internierten, die in Begleitung zahlreicher Wachmannschaften wie Schwerverbrecher getrieben wurden und blaugeschlagen, blutüberströmt, verschmutzt dahinwankten. Alles krampfte sich in mir zusammen, und mir wurde weh ums Herz. Ungefähr ab Chodecz mußte ich einen Leiterwagen fahren. Da mir nachts auf dem Bock erbärmlich kalt wurde, wollte ich einen Schal und eine Decke haben wie die Polen und Juden. Als der Bekleidungsverteiler, ein Jude, mir, dem *"Szwab"*, dies hohnlachend ablehnte, beschwerte ich mich bei dem Major, einem älteren, vernünftig denkenden Mann, der mir auch, das muß ich gerecht anerkennen, zu meinem Rechte verhalf.

Als ich auf dem Rückzuge schon hinter Modlin war, stellte ich mit großer Sorge fest, daß der Leutnant Znaniecki, den ich zusammen mit seinem Burschen auf meinem Wagen fahren mußte, immer haßerfüllter und nervöser wurde. Kaum hatte ich dem Befehl eines höheren Offiziers, der sich auf die Fahrtrichtung bezog, Folge geleistet, als ich auch schon unvermutet einen Faustschlag meines Leutnants in den Nacken erhielt, daß mir die Sterne vor den Augen tanzten: "Du Schwab hast zu fahren, wie ich will." Trotzdem mußte ich bald wenden und so fahren, wie ich wollte, denn zwei zusammenfahrende Wagen versperrten die Straße. Wie nun der Leutnant, als Kolonnenführer, merkte, daß von seinen 40 Wagen nichts mehr zu sehen sei, geriet er in die größte Erregung. Ich mußte mit ihm in das von deutschen Granaten bestreute Nowydwór zurückfahren, nachdem er mir eine Weile mit der geladenen Waffe vor dem Kopf herumgefuchtelt hatte, weshalb, das war ihm selber wohl nicht klar. Ein polnischer Fahrer hätte nämlich seine Befehle überhaupt nicht befolgt. Jedenfalls bekamen wir die ganze Kolonne wieder zusammen. Zwar hörte ich am nächsten Tage, wie Leutnant Znaniecki zu anderen Offizieren bissig sagte: "Der *cholerny szwab* hat keine Angst, ausgerechnet der ist der beste Fahrer", aber als immer mehr deutsche Granaten auf unserem Wege einschlugen, steigerte sich die Wut auf uns Volksdeutsche derart, daß uns in jedem Augenblick schien, unsere letzte Stunde habe geschlagen. Wir sollten an allem schuld sein, Spionage treiben, den deutschen Zeichen geben, u.a.m.

Wenn es nur das gewesen wäre! Aber mir knurrte der Magen. Drei Tage hatte ich kein Stück Brot im Munde gehabt. Die anderen klauten und bettelten sich schließlich noch was zusammen. Ich als Fahrer aber mußte ja doch bei den Pferden bleiben und, wenn ich mich entfernte, hatte ich das Empfinden, es könnte mich eine Kugel von hinten erwischen.

Es war Nacht, und ich schlief auf dem Bock erschöpft ein. Plötzlich schlugen Granaten ein und mein Leutnant rüttelte mich: "Fahren, fahren!" In der Stockfinsternis fuhr ich in einer Richtung, die Znaniecki nicht paßte, denn er brüllte: "Sabotage!" und legte auf mich an. Wäre ihm nicht der auch auf meinem Wagen sitzende Leutnant Wielich in den Arm gefallen, dann wäre ich heute auch "vermißt" oder "gefallen". Wir fuhren auf Nebenwegen.

Regenschauer peitschten mir ins Gesicht. Beinahe hätte uns eine deutsche Patrouille geschnappt.

Den ganzen nächsten Tag fuhren wir ratlos hin und her, bis uns polnische Soldaten anriefen, sie würden von den Deutschen verfolgt, und wir sollten ja ausrücken. Es war schon wieder dunkel. Befehl: "Hin zu unserer Kolonne." Nun machte ich dem aufgeregten Leutnant wieder einmal nichts richtig. Der Kerl hatte keine Ahnung, wie man nachts fahren darf und wie nicht. Darum verfluchte er mich in der unsinnigsten Weise, schlug mir wieder mit der Faust ins Genick. *"Cholerny szwab"*, brüllte er, "du sabotierst, ich schieße dich über den Haufen!" Und schon riß er das Schloß des Karabiners auf und lud.

Im gleichen Augenblick war ich aber auch schon vom Wagen gesprungen und rannte um mein Leben. Der Schuß ging dicht an mir vorbei. Bald nach dem ersten krachte auch der zweite. Zitternd lag ich im Walde, innerlich froh, dem wahnwitzigen Leutnant entkommen zu sein. Jetzt konnte er allein versuchen, in der Dunkelheit mit den halb verhungerten Kracken besser zu fahren. Einen Tag und eine Nacht irrte ich noch umher, ehe ich der SS.-Leibstandarte in die Arme lief und frei war.

Bei wieviel volksdeutschen Kameraden mag so ein Schuß nicht vorbeigegangen sein? Sie liegen irgendwo verscharrt, unerkannt, vermißt. Wir an der Grenze, wir wollen diese Kameraden nicht vergessen. Ihr Schicksal soll uns eine Lehre sein.

6

Als Prügelknabe im polnischen Heer

Soldat Oskar Ulrich, Friedenau, Warthegau

Mein größtes Unglück war, ich beherrschte die polnische Sprache so schlecht, daß es einen Hund jammern konnte. Wir Deutschen saßen ja bei Neutomischel in großer Zahl beisammen, in meist noch geschlossenen Dörfern, und hatten daher immer vermieden, uns mit dem Polschen die Zungen zu zerbrechen. Im Kriege aber hätte ich alles drum gegeben, wenn es anders gewesen wäre.

Obwohl in meinem Militärpaß drinstand *"kategorja C bez broni"* (dritte Garnitur ohne Waffe), brachte mir schon am 31. August der Gemeindevorsteher den Befehl: "Sofort nach Posen fahren." Als ich dort aber auf dem Bezirkskommando ankam und sie in meinen Paß sahen, schickten sie mich sofort wieder nach Hause: *"Idz do domu."* Voller Freude haute ich ab.

Wer aber beschreibt mein Entsetzen, als mich bald danach auf der Straße zwei Zivilisten (mit Spionagefimmel) anhielten und einem Verhör unterwarfen. Mir trocknete das letzte bißchen polnische Spucke ein, und ich muß wohl ein furchtbares Zeug geradebrecht haben, denn sie riefen: "Ein Spion" und schlugen so lange auf mir herum, bis ich fast besinnungslos aufs Straßenpflaster sank. Sie hoben mich aber wieder auf und schleppten mich zur Kaserne des Inf.-Rgt. 58. Dort nahm man mir nach nochmaligem Verhör meinen Paß ab und ließ mich bis 3 Uhr nachmittags stehen. Dann schickten sie mich zu meiner Verwunderung abends mit einem Militärtransport Richtung Kutno. Dort kamen wir gleich zur Schreibstube und wurden laut Paß aufgerufen. Meinen aber hatten sie mir ja in Posen abgenommen und nicht wiedergegeben. Als sie mich nach ihm fragten, brachte ich wieder so schauerliche "polnische" Erklärungen heraus, mit deutschen Worten vermengt, daß sie wie verrückt aufsprangen und auf mir herumschlugen. Trotzdem ich von den Schlägen krumm und dumm war, exerzierten sie mit mir: "Hinlegen", "auf", "hinlegen" und so fort, bis mir vom Laufen die Zunge aus dem Halse heraushing.

Dann kleideten sie mich ein. Ich, der 37jährige, kam als einziger Deutscher mit lauter ganz jungen Polen zusammen. Mit der Uniform, die ich erhielt, hätte ich zu Hause höchstens eine Vogelscheuche ausstaffiert. Die Schuhe hielten 3 Tage. Koppel und Seitengewehr gaben sie mir nicht, weil nicht genügend vorhanden waren, dafür aber einen Karabiner. Leider fehlte darin etwas vom Schloß, so daß ein Schießen mit ihm unmöglich war. Meine Herren *panowie,* dachte ich mir, euch schießen die Pimpfe der Hitlerjugend mit Flitzbogen tot, wenn eure Karabiner alle so ein Dreck sind wie meiner.

Mein Galgenhumor sollte mir aber bald ganz vergehen. Unsere Kompanie marschierte, nein, latschte bis Warschau, durch die Stadt, über die Weichsel, wo alles durcheinandergeriet. Mit einemmal war mir meine Kompanie abhanden gekommen. Beim Suchen fand ich zu meiner Freude zwei volksdeutsche Kameraden und schloß mich ihnen an. Plötzlich schnappte mich ein polnischer Militärpolizist, dem ich in meiner Paradeuniform verdächtig erschien, die beiden anderen auch. "Ausweis", fuhr er uns an. Die Erinnerung an die vorherigen Prügeleien lähmten meine Zunge so, daß ich nur was stotterte: *"Nima, oni mi tam cosz tym Parschpott odbirali przy Poznania i jo szukam mój kompanja."* *"Cholera"*, brüllt er, "ein Spion." Schon waren wir alle verhaftet und mit Ketten an den Handgelenken aneinandergeschlossen. Er führte uns, wohl stolz, daß er deutsche Spione gegriffen hatte, durch die Straßen Warschaus und forderte das Zivilvolk auf, uns das Leder zu vergerben. Und so spuckten sie uns ins Gesicht, die Weiber am meisten, schlugen unsinnig auf uns los, bis wir alle drei am Boden lagen und verbissen riefen: "Schießt uns doch lieber tot."

"Was? Euch deutsche Schweine totschießen? Ihr werdet jeden Tag so geprügelt, bis ihr langsam krepiert."

Dann ging's in die Gefängniszelle, wo wir mehrere Tage weder zu essen, noch zu trinken bekamen. Dann aber holten sie wieder alle Gefangenen heraus, gaben ihnen Waffen und schickten sie nach der Zitadelle. Wir lagen dann in einem Wald, am 27. 9., unter stärkstem deutschem Artilleriefeuer, ich, ausgehungert, ohne Unterkleidung, ohne Mantel, ohne Decke. Als der Unteroffizier Befehl gab, den Wald zu räumen, blieb ich in meinem Loch. Aber er bemerkte das und kam voller Wut mit dem Bajonett, um mich zu erstechen. Da sprang ich schnell heraus und rief ihn laut an, er soll das doch sein lassen. Am Waldrand gab er Befehl: "Sprung auf, marsch, marsch." Wieder blieb ich zurück. Das war meine Rettung, denn kaum waren die Polen aus den Bäumen heraus, da mähte sie deutsches MG.-Feuer nieder. Ich kroch in das Loch zurück, wo mich bald darauf die Deutschen entdeckten und mit vorgehaltener Pistole gefangennahmen. Diesmal konnte ich in meiner Muttersprache reden und da war auch schnell die Verständigung erreicht.

Die Polen haben nun für ihren Deutschenhaß den Lohn. Aber, was sie mir angetan, das kann ich ihnen nie vergessen. "Auge um Auge, Zahn um Zahn." Wenn ich nach der Rückkehr in die Heimat meine Erlebnisse erzählte, fragte man mich oft: "Warum hast du dir das alles gefallen lassen?" Man glaube mir, sich mit zusammengebissenen Zähnen prügeln zu lassen und dabei zu denken: "Ihr Polacken bekommt das zehnfach heimgezahlt", kostete mehr Überwindung und Anspannung, als eine nutzlose Gegenwehr, die den Polen den erwünschten Anlaß gegeben hätte, mich als "Empörer" sofort zu erschießen. Und dann wäre ich heute nicht hier, in dem schönen, freien Wartheland.

7

Zwischen deutschen Tanks
und deutschen Fliegern

Soldat William Leuthold, Posen

15. September 1939. Am Bug. Ich denke viel an mein Zuhause. Es ist der Geburtstag meiner Frau. Ich kann mir eure Sorgen denken, ihr Lieben daheim! Wie werdet ihr die schwere Zeit überstehen? Haben euch vielleicht schon die Soldaten unseres Führers in ihren Schutz genommen? Es muß doch schon geschehen sein, da die Front hier in nächster Nähe verläuft. Ich wollte, ich könnte es noch erleben, daß unsere Heimat wieder deutsch wird. Jetzt wird es geschehen, und ich... ich muß hier auf feindlicher Seite in mir verhaßter Uniform Kriegsdienste leisten und womöglich... Herrgott, nur nicht zu Ende denken!...

Mir fällt der Auftritt in Cholm ein, als der Kompanieführer mich nach meiner Volkszugehörigkeit fragte und ich antwortete "Deutscher". Wie der Kerl da mit der Pistole in der Hand drohte, mich sofort zu erschießen, sie mir auf die Brust setzte und mich mit den tollsten Flüchen überfiel. Und dann mein Entsetzen, daß schon in der ersten Militärmütze, die ich bekam, die Läuse herumkrochen.

Und dann die Sauwirtschaft, die überall herrschte, Unordnung, Durcheinander, Dreck. Irgendwo ist Benzin, aber kein Auto, anderswo ist ein Auto, aber kein Benzin. Einer hat ein Gewehr, der andere nicht. Einer ist ganz, der andere halb eingekleidet. Und der Spionenfimmel. Immer gab es argwöhnische Blicke und heimliches Getuschel, wenn ich auftauchte. Einmal wär's mir beinahe an den Kragen gegangen. Ich wurde streng verhört, denn irgend so ein Schwachkopf hatte das Gerücht verbreitet, ich, der Niemiec, hätte den deutschen Fliegern nachts mit Streichhölzern Lichtzeichen gegeben. Der Verdacht blieb, und ich mußte seitdem nicht so sehr fürchten, daß mich eine deutsche Kugel von vorn, sondern eine polnische von hinten erledigt. Endlich mein Auftritt mit dem polnischen Polizisten, der nach einem abgestürzten, verbrannten deutschen Flieger mit dem Kolben stieß! In der Hosentasche stecken 1 Zloty und 70 Groschen. Das ist mein Sold für 20 Tage!

Alle diese Gedanken quälen mich... Ich sitze hier mit einem polnischen Trupp in einer Stellung dicht an einer hölzernen Bugbrücke, die wir gegen überraschenden deutschen Angriff decken sollen. Mein Schützenloch liegt der Brücke am nächsten, nur wenige Meter von ihr entfernt. Über den Bug flutet ein nicht aufhören wollender Zug von Flüchtlingen. Unbeschreibliche Szenen spielen sich vor meinen Augen ab. Mein Schützenloch hatte ich nach dem deutschen Luftangriff von gestern tiefer gegraben. Doch war die Vorderwand nur 1½ m dick, was bei einem Anfluge von Westen sehr gefährlich werden könnte. Vielleicht rutsche ich dann in den Bug vor mir.

Neun deutsche Bomber fliegen plötzlich die Brücke von Osten her an. Noch bin ich nicht an meinem Schützenloche; ich muß die Munition schleppen. Was die Füße tragen können, renne ich, schaffe es aber nicht mehr. Die Bomber sind schon heran! Da springe ich in die erste beste Schützengrube zu einem Polen. Ein fürchterliches

Dröhnen und Krachen bricht los! Jedes Flugzeug wirft Serien von Bomben ab. Das Zittern der Erde will gar nicht aufhören. Rund um uns sind schwere Einschläge. Der Pole fängt an zu stöhnen und zu jammern, das Gewehr zittert in seinen Händen. Schließlich heult er auf wie ein kleines Kind. Ich könnte dem Kerl das Maul zudrücken, er steckt mich an! Eine kleine Pause tritt ein. Die Bomber bewerfen nun die Eisenbahnbrücke. Mit einigen Sätzen bin ich jetzt in meiner Stellung. Sie ist tiefer und enger. Da kommen alle neun Bomber wieder heran. Wieder gibt es ein Getöse, wie wenn die Hölle los wäre. Ich hocke zusammengekauert und rechne jeden Augenblick mit meinem Ende. Serienweise sausen neue Bomben herunter. Die Sekunden werden zu Minuten, die Minuten zu Stunden! Will das kein Ende nehmen? Kracht eine Bombe einmal ganz nahe, dann ducke ich mich tiefer. Von den Stößen gibt die Erde nach. Bis an die Knie bin ich schon verschüttet. Da hört das Toben [in] meiner Nähe auf. Ich bin heil geblieben! Aber da kommen die Bomber zum dritten Male! Beim ersten Anfluge hatte ich mich noch gefreut, daß die Polen es so heimgezahlt bekommen. Jetzt drohen die Nerven mit mir durchzugehen. Am liebsten wäre ich davongerannt. Doch den Triumph, einen Deutschen flüchten zu sehen, sollten die Polen nicht haben. Erde spritzt in der Nähe auf. Ich drohe zu ersticken und schaffe mir mit den Händen Luft. Dann werde ich ruhiger, und in Gedanken an meine Lieben erwarte ich den Tod. Wir haben keine Erkennungsmarken. Ich weiß, daß es in der Heimat niemand erfährt, wenn dies hier mein Grab sein sollte. Halb von Sinnen füge ich mich in mein Schicksal. - Da ist auch schon alles vorüber! Bis an den Leib bin ich verschüttet. Vor übergroßer Nervenanspannung schlafe ich sofort ein, mich mit dem stahlhelmbedeckten Kopfe gegen die Vorderwand stützend, so wie ich sitze. So tief habe ich wohl noch nie geschlafen! Ich erwache wie aus einem bösen Traum. Neues Lebensgefühl durchströmt mich. Der ganze Angriff hat 20

Minuten gedauert (von 15 Uhr bis 15 Uhr 20 Min.). Über 200 Bomben sind abgeworfen worden! Als ich mich umsehe, sind die meisten Schützenlöcher leer. Die Polen haben Reißaus genommen; so auch drei Fähnriche, die neben mir gelegen hatten. Die Flucht der Polen ist den Offizieren gemeldet worden, die jetzt - aus dem Dorfe kommend - die Schützenlinie entlang gehen und laut schimpfend ihrem Unmut Ausdruck geben. Es ist ihnen dann sichtlich peinlich, als sie nur mich, den Deutschen, an Ort und Stelle finden. Sie reden aufgeregt von Kriegsgericht und Erschießung. Allmählich tauchen dann aus dem Walde am Dorfe die Soldaten auf, ohne sich aus dem Lärmen der Offiziere was zu machen. Die Fähnriche kommen wie begossene Pudel zurück; meinen Blicken weichen sie aus. Ein großer Teil bleibt für immer verschwunden. Wieviel davon tot, verwundet oder geflüchtet sind, zählt keiner. Die Lücken versucht man durch versprengte Soldaten zu füllen. Die Fähnriche erhalten für ihr "tapferes Verhalten" noch ein Lob. Beide Brücken sind stark beschädigt. Am Abend gibt es nichts zu essen, weil auch die Gulaschkanone verwaist ist. Es werden neue Mannschaften für die Küche gesucht. Erst am Morgen gibt es etwas, was Kaffee sein soll. Die Nacht haben wir wieder im Freien geschlafen, es ist schon ziemlich kühl. Warme Wäsche oder warme Kleidung gibt es nicht. Mäntel und Decken fehlen! An den Bug dürfen wir nicht, können uns also noch nicht einmal richtig waschen. Die meisten tun es ohnehin nicht. Polen hält nicht zu Unrecht den Weltrekord im Seifesparen. Wer ein Rasiermesser hat, denkt gar nicht daran, es auch anderen zur Verfügung zu stellen. Ich sehe mit meinem Stoppelbart wie ein Räuber aus.

Am 16. September wird plötzlich vom westlichen Ufer auf das erste Aufklärungsflugzeug aus Flugabwehrkanonen geschossen. Die Flak muß in der Nacht angekommen sein. Wir wußten nichts davon. Dem deutschen Flugzeuge geschieht nichts, aber die Polen sind plötzlich freudig und gesprächig: Tatsächlich bleiben diesen Tag die Bomber aus. "Die deutschen Flieger wagen es jetzt nicht mehr zu kommen", heißt es. In der Nacht zum 17. September, einem Sonntag, bleiben wir in der Schützenstellung am Ufer. Es wird wieder von Tanks gesprochen, die vom jenseitigen Ufer kommen könnten. Bis 5 Uhr muß ich Posten stehen und bin gerade dabei, den nächsten unserer Gruppe zum Dienst zu wecken, als jenseits des Bug vier grüne Raketen aufsteigen. Das konnten nur deutsche Signale sein. Alarm! Alles stiert über den Bug. Hinter uns hört man auf dem Dorfwege das Rattern eines Motors. Wahrscheinlich eines der polnischen Lastautos. Niemand denkt sich etwas Schlimmes. Da bleibt das vermeintliche Auto, nur durch die Büsche getrennt, neben mir an der Brücke stehen. Plötzlich höre ich deutsche Kommandos: "Hier, Haß! Hierher! Paß auf! Schnell! Schnell!" Sofort bin ich im Bilde... Ein deutscher Tank ist unbemerkt vom Dorfe her auf die Hauptstraße und an die Holzbrücke gefahren. Einer, wohl Haß, hat Benzin auf die Brücke gegossen und sie angezündet. Es trennen uns keine 10 Meter voneinander. Ich hätte ja eigentlich schießen müssen und können. Aber wozu soll ich darüber viel Worte verlieren... Schnell will ich in mein Schützenloch steigen, da platzt ein Schrapnell, von den polnischen Kanonen geschossen, und während des Einsteigens saust mir eine Kugel zwischen Kopf und rechten Arm hindurch und streift den Bauch. Vom zweiten Schuß streift eine Kugel meinen Rücken. Da ducke ich mich, so tief ich kann, in die Grube. Mein Herz, das erst vor Freude schlug, schlägt nun vor Schreck. Das ganze Feuer der Schützenlinie geht jetzt über meinen Kopf hinweg dem deutschen Tank entgegen. Das Gewehrfeuer kann ja wenig tun, aber die Geschütze! Da kracht aus dem Tank auch schon ein Schuß. Ein zweiter! Er wendet und fährt auf der Hauptstraße der Batterie entgegen. Schuß kracht auf Schuß. Dazwischen rattern die Maschinengewehre. Die Brücke fängt an zu brennen! Das alles hat nur ein paar Minuten gedauert, und schon ist der Tank auch wieder fort. Ich hatte mich schon gefreut, endlich in die deutsche "Gefangenschaft" zu fallen, meinte, jetzt müßte deutsche Infanterie eingreifen, leider... Ich stelle fest, daß ich nur leicht verletzt bin und will den Notverband anlegen. Da kommt der Fähnrich angelaufen und verlangt von allen die Notverbände. Der Major sei schwer verwundet, und schon reißt er mir den Verband aus der Hand und stürmt davon. Was nun? Schließlich schneide ich mir die Unterbeinkleider bis zum Knie ab und verbinde mich damit. Daß wir kein Verbandzeug, keinen Sanitäter haben, wissen wir schon lange. Richtige "polnische Wirtschaft". Es ist überhaupt eine Schande, diesen Dreck hier noch mitmachen zu müssen! - Da kommt der Befehl, jetzt auf dem östlichen Hügel Stellung zu nehmen. Ich melde meine Verwundung. Man nimmt aber keine Rücksicht. Ich sehe ihnen an, daß sie mich am liebsten über den Haufen schießen möchten. - Auf dem Wege zum Hügel sehe ich einen toten Polen liegen, dem die halbe Gesichtsseite weggerissen ist. Etwas weiter liegt dicht neben der Hauptstraße ein Verwundeter, der stöhnend um Hilfe ruft. Niemand kümmert sich um ihn. Es ist einer der jungen Schlesier, vielleicht ein deutschgesinnter. Ich nehme mich seiner an. Unser Oberleutnant, einer der wenigen vernünftigen Menschen, ein Ukrainer, kommt herzu und ist mir behilflich.

Ich bitte ihn um die Erlaubnis, den Verwundeten in ein Haus in Pflege bringen zu dürfen, womit er sofort einverstanden ist. Auf der Hauptstraße steht ruhig ein Panjewagen mit einem kleinen Gaul. Wir laden den Verwundeten auf, und gerade will ich abfahren, da erscheint mein Fähnrich. Er will mich durchaus nicht fortlassen und vermutet ganz richtig meine Fluchtgedanken. Ich berufe mich auf den Befehl des Oberleutnants, der sich schon etwas entfernt hatte, übergebe ihm auf Verlangen mein Gewehr und Tornister zur Verwahrung und ziehe trotz seines Protestes ab, da "Eile geboten sei". Das Pferd führend, komme ich auf der Hauptstraße über den Hügel und sehe ein wüstes Feld der Vernichtung. Einige Lastautos, Geschütze und Wagen sind zerschossen. Pferde liegen tot da, andere haben sich losgerissen und rennen hin und her. Einige sind mit den Wagen an die Bäume gerannt. Koffer, Kisten und Säcke liegen verstreut umher. Da kommt unser Oberst: "Wo wollen Sie hin?" Ich weise auf den Verwundeten. "Aber nur ins nächste Dorf!" "Jawohl, Herr Oberst!" Nun geht's aber los. Von weitem höre ich noch das Rufen meines Fähnrichs: "Sofort zurück!" Ich murmele: "Du kannst mir..." und tue, als ob ich nichts gehört hätte. Ich habe die Empfindung, die Polen wollen nach mir schießen, biege schnell nach rechts ab in eine Schonung und bin ihren Blicken entschwunden. Eine Deichsel des Panjewagens ist gebrochen. Der Wagen will keine Spur in den Sandwegen halten. Da sehe ich einen anderen Wagen mit zwei guten Pferden zwischen den Bäumen festgefahren stehen, versuche den Verwundeten umzuladen, was mir aber nicht gelingt. Von einem anderen Wagen nehme ich dann eine Deichsel und fahre weiter. Wie ich vorher bemerkt hatte, führt die Spur des deutschen Tankes in dieser Richtung. Hoffentlich erreiche ich ihn noch irgendwie. Ungefähr 200 m in der Schonung bemerke ich plötzlich neben mir eine polnische Patrouille von drei Mann. "Was macht ihr hier?" - "Und Sie?" Mein Verwundeter fängt gerade zu stöhnen an, und ich will mich aufmachen, da fährt keine 300 m entfernt ein deutscher Tank an, der bisher stillgestanden hatte, und schon rattert auch sein MG. los. Die Kugeln spritzen durch das Geäst. Er entfernt sich immer mehr, fährt an die Eisenbahnstrecke, sprengt sie und schießt aus dem MG. Die Patrouille zieht sich darauf zurück. Ich führe das Pferd am Zügel weiter, so schnell es geht. Ehe ich aber aus der Schonung komme, ist der Tank seitwärts zurückgefahren und entschwindet meinen sehnsüchtigen Blicken. Ich hatte mir schon eine weiße Fahne, ein Handtuch, zurechtgemacht, um winken zu können. Vorbei, alles aus! Verzagt setze ich mich auf den Wagen. Vor mir steht auf der Eisenbahnstrecke ein Personenzug. Menschen kommen jenseits des Dammes über ein Feld zurück; sie waren vor dem Tank geflüchtet. Die Strecke vor der Lokomotive ist gesprengt. Da rufe ich nach einem Arzte oder Sanitäter. Man sieht mich erstaunt an, wie ich daherkomme und macht mich auf den Tank aufmerksam. Schließlich kommt eine Sanitäterin und legt dem Verwundeten den Verband an. In einer Masse von Blut liegt er. Rückenschuß. Die Kugel ist auf einer Rippe breitgeschlagen und fällt gerade aus der Wunde. Sie kommt mir sehr verdächtig vor, und ich nehme sie mit. Außerdem ist der rechte Unterschenkel glatt durchschossen. Später stellen wir fest, daß viele von den polnischen Soldaten Lebel-Gewehre (alte französische Karabiner) hatten. Also: kein deutsches Geschoß.

In der Nähe stehen verstreut einige Häuser, sie sind verlassen. Wohin mit dem Kranken? Nichts. Also weiter! So komme ich nach einigen Kilometern auf die Bahnstation Jagodzin. Da [steht] ein Zug mit polnischen Tanks beladen. "Auf dem Zuge seid ihr", spotte ich. - "Ja, wir haben kein Benzin und keine Munition!!" So - so! Auf dem Nebengleis sind drei Waggons mit Verwundeten, davor eine Lokomotive, die sie nach Kowel bringen soll. Dort nämlich ist der nächste Arzt zu finden. Das ist noch eine lange Bahnfahrt. Meinen Verwundeten gebe ich an den Zug ab. Eine Krankenschwester schimpft auf die Lotterwirtschaft im Roten Kreuz. Die hellen Tränen laufen ihr herunter. Kein Verbandzeug, keine Medizin. Ein Sanitäter bestätigt das. Man merkt es ihnen an, daß sie die Nase voll haben und auf die polnische "Organisation" wütend sind. Schon von Lodsch ab, woher sie kämen, sei das so gegangen. Ihr leitender Offizier sei unter Mitnahme des ganzen Geldes schon in Lodsch verschwunden. Die Stimmung unter den Soldaten und Sanitätern ist fatal. Vergebens versucht ein polnischer Zivilist, mir für 1000 Zloty meinen lumpigen Panjewagen abzukaufen. Alle schimpfen über die polnische Regierung, die ihr Land in diesen Krieg gestürzt hat.

Einen Augenblick spiele ich mit dem Gedanken, mit dem Verwundetenzug mit nach Kowel zu fahren. Ich bin ja selbst verwundet. Was soll ich aber im Osten? Nach Westen möchte ich! So lasse ich mir die Übernahme meines Verwundeten bestätigen und fahre zurück. Es ist inzwischen etwas spät geworden. Wenn ich noch vor Dunkelheit zur Kompanie treffen will, muß ich mich beeilen! Verdammt, warum habe ich solch Pech und treffe keine Deutschen.

Kurz vor 17 Uhr komme ich an und melde mich. Die Offiziere sitzen auf einer Querstange an der Brücke, die inzwischen vollständig verbrannt ist. Alle lassen die Köpfe hängen. Ich spüre, daß hier etwas nicht in Ordnung ist. Ich werde verhört. Es soll Verrat geübt worden sein! Mein Glück ist, daß ich alles schwarz auf weiß habe, auch die Patrouille kann ich als Zeugen anrufen und komme auch frei. Dann gehe ich zu meiner Abteilung und finde sie im Wäldchen hinter dem Dorfe. Alles ist erstaunt, mich zurückkehren zu sehen. Der Fähnrich grinst höhnisch, sagt aber keinen Ton. Mein Gewehr und Tornister sind verschwunden. Niemand weiß, wo sie geblieben sind. Da erfahre ich auch, was inzwischen los war. Der verwundete Major ist gestorben. Die beiden Tanks waren noch einmal zurückgekommen und man hatte unsere Gruppe mit Bajonetten (!) auf sie geschickt. Viele Tote und Verwundete hätte es gegeben. Mir läuft es eiskalt über den Rücken.

Da steigt nordöstlich von uns, etwa 2 km entfernt, eine weiße Rakete hoch; es ist das Angriffszeichen der Tanks. Da ruft mich auch schon ein Pole in sein Schützenloch, das er zwischen drei eng aneinander stehenden Kiefern gegraben hat. Einigen Schutz bildet er durch die gute Tarnung. Es ist für zwei etwas eng. Ich hocke mich, so gut es geht, nieder und lasse mir noch schnell die heutigen Vorfälle weitererzählen. "Ich habe unter dem Tank gelegen", erzählt er mir, schimpft über den Befehl und sagt mir schließlich: "Du bist verrückt, daß du zurückgekommen bist. Einen von uns haben sie gegriffen und auf den Tank gesetzt, damit wir nicht auf sie schießen sollen!" Wahrheitsgemäß sage ich: "Was sollte ich denn anders machen?" - Die Tanks kommen näher. Es scheinen mehrere zu sein. Sein Gewehr haltend, läßt der Pole eine Perlenschnur durch die Hände gleiten. Das Gewehr verrät seine Erregung, es zittert.

Es kommt Befehl, sich ruhig zu verhalten, nicht zu schießen, um die Stellung nicht zu verraten. Ein Tank fährt 20 Schritt vor uns vorbei. Das MG. knattert. Ab und zu fällt ein Kanonenschuß. Von der polnischen Artillerie scheint nichts mehr da zu sein. Sie schweigt. Ein zweiter Tank ist am Dorfe. Hinter dem nächsten Hügel bleiben andere stehen. Wahrscheinlich sind es im ganzen vier. Ein Fähnrich der Nachbargruppe ruft Befehle. Da kracht dorthin eine Granate. Überhaupt scheint es, als ob vom Tank mit Granaten die Schützenlinie aufgerollt würde. Richtig, vor uns ein scharfes Krachen! Da fährt der Tank hinter uns auf einige Schritte Entfernung vorbei. Es ist schon dunkel, aber der Schatten verdunkelt uns noch mehr. Augenblicke höchster Spannung. Jetzt muß die Granate kommen. Es kracht neben uns! Noch einmal ziehen zwei Tanks vorbei zur Hauptstraße. Feuer leuchtet auf! Ein Haus ist in Brand geraten. Die Tanks kommen zurück, dann verhallt das Surren der Motore. Am liebsten möchte ich jetzt schlafen! So tief wie vorgestern! Da wird Befehl zum Sammeln am Gutshause gegeben. Die ganze Kompanie tritt an. Es sind --- 8 (acht) Mann, unser Fähnrich und 2 Oberleutnants. Der Kompanieführer will es nicht glauben, schickt uns zum Suchen aus. Ja, Tote und Verwundete sind da. Ein großer Teil ist geflüchtet. Es werden nicht mehr. Das ist der Rest von 150 Mann. Die beiden Posener Unteroffiziere, die mir so oft zugesetzt hatten, waren nach dem großen Bombenangriff verschwunden. Einer von ihnen hatte sich noch eines Tages hinter mich gestellt und aufgepaßt, ob ich auch schieße. Da mußte ich wohl oder übel einen Schuß ins Blaue abgeben. Es ist mein einziger Schuß gewesen, während der ganzen Kriegszeit. Allerdings sind viele Polen auf ihrer eiligen Flucht überhaupt nicht dazu gekommen, einen Schuß abzugeben. Die Gruppe der Fähnriche ist von 50 auf 20 geschmolzen, obwohl die Tanks zu ihnen hinter das Gutshaus gar nicht einmal gekommen sind.

Wir marschieren ab, ein kleines Häuflein, in Richtung auf die Eisenbahnbrücke. Dort machen wir halt. Es regnet. Im Geräteschuppen legen wir uns ermattet nieder. Mitten in der Nacht werden wir geweckt. Wir sollen über die Brücke. Eisenbahner haben inzwischen mitten auf die Brücke eine Lokomotive gestellt und vor und hinter derselben die Schienen entfernt. Wir tasten uns in stockdunkler Nacht hinüber, jeden Augenblick darauf gefaßt, zwischen den Bohlen in die Tiefe zu fallen. Ich hätte die Gesichter der einzelnen jetzt sehen mögen! Gesprochen wird gar nicht. Jeder ist froh, aus der Hölle herauszukommen. *"Wojenko, wojenko, cóześ ty za pani..."* Keiner denkt jetzt daran, dieses sonst so beliebte Kriegslied zu singen. Ich überlege, ob ich nicht zurückbleiben soll. Aber wenn die Panzerwagen nicht wiederkommen? Wohin dann? Zu essen gibt es weit und breit nichts. Ich muß also auf eine günstigere Gelegenheit warten. Das Dorf brennt noch lichterloh...

Immer wieder muß ich jetzt nach meiner Errettung an das Husarenstück der deutschen Panzerwagen denken. Vollständig überrascht hatten sie die Polen. Die Front war doch nach dem Westufer gerichtet, und plötzlich waren die Tanks mitten unter uns, ohne überhaupt bemerkt worden zu sein. Die polnische Abteilung muß ohne Fühlung nach Norden gewesen sein. Ich war ja in einer heiklen Lage, aber gefreut habe ich mich trotzdem über den Schneid der deutschen Soldaten. Euch deutschen Kameraden aber gratuliere ich zu dem damaligen Gelingen und zu dem "Eisernen Kreuz". Ich wußte, daß ihr es dafür erhalten werdet und erfuhr es sogar nachher ganz zufällig. Als ich einige Wochen später nach Hause kam, hörte ich, es war wohl am 6. November 1939, durch den Deutschlandsender den Bericht des Unteroffiziers Beier von einer schweren Panzerabteilung, die im September an der Bugbrücke gekämpft hatte, und der mit in einem dieser Tanks gewesen ist. Ich hörte die Namen des Leutnants Wischnewski und des Feldwebels Haß, der damals gerufen worden ist. Ihr konntet ja nicht ahnen, daß euch so nahe ein deutscher Volksgenosse in polnischer Uniform saß. Ihr hättet mich vielleicht mitgenommen. Ich wollte auch über den Rundfunk an euch schreiben, doch war mir das im November nicht möglich, da ich an beiden Händen Entzündungen hatte infolge von Verletzungen, Unterernährung und Erkältung. Heute ist alles verheilt und, Gott sei Dank, vorüber. Es freut mich, daß ihr alle glücklich heimgekehrt seid. Auch von den Geschützen wußte ich, die ihr damals mitgenommen habt. Wir haben sie ja in den nächsten Tagen noch zu schmecken bekommen... Nun ist der ganze Polenspuk vorüber. Ich marschiere in den Reihen des volksdeutschen Selbstschutzes der Stadt Posen unter dem Kommando deutscher SS-Führer. Ein heiliges, starkes Gefühl durchglüht uns alle, die wir vorher unter Polens Fahnen dienen mußten. Dank sei unserem Führer Adolf Hitler. Ihm und dem Großdeutschen Reich gehört fortan unser Leben.

8

Der Totentanz an der Bzura

Soldat Eugen Jeschke, Litzmannstadt

An der Bzura.

15 Nächte Gewaltmarsch hinter uns.

15 Nächte voll grausig-widerlicher Szenen.

Nächte, in denen Menschen zu Bestien, stille Dörfer zu Trümmerhäufen, deutsche Männer, Frauen und Kinder zerhackt, erschossen, geschändet und verbrannt wurden. Ohnmächtig mußte ich zusehen, wie man wehrlose und unschuldige Volksgenossen buchstäblich abschlachtete.

Das sind die ruhmreichen Tage des Regimentes, in dessen Reihen ich die "Ehre" habe, mitzumarschieren.

Täglich aber beim Weiterflüchten zeigt das dumpf grollende Donnern hinter uns an, daß die Rache auf dem Fuße folgt und daß einmal das Ende kommen muß, an dem die Rechnung für alle Greuel und Schandtaten präsentiert werden wird.

Das bitterste: wir Volksdeutschen im polnischen Heere werden sie mit bezahlen müssen.

15. September.

Unsere Kompanie hat in einem Dorfe nördlich der Bzura halt gemacht. Der Kapitän läßt uns antreten und liest einen Befehl vor: "Soldaten, das polnische Heer hat bisher an allen Fronten Erfolge zu verzeichnen. Wir haben über 600 deutsche Soldaten gefangengenommen, 70 Tanks unschädlich gemacht und viele Flugzeuge vernichtet. Vor uns liegt die deutsche Armee, eingeschlossen von unseren vier Divisionen nördlich der Bzura, im Süden von weiteren drei Warschauer Divisionen. Unsere Aufgabe besteht darin, den Feind, sofern er die Bzura überschritten hat, zurückzuschlagen und restlos zu vernichten. Daraufhin vereinigen sich alle sieben Divisionen und marschieren vereint auf Skierniewice, Lodz, Breslau und Berlin!"

Dieser Befehl wirkt elektrisierend auf die Kompanie. Wir sollen also in die erste Linie eingesetzt werden. Das gibt ein aufgeregtes Durcheinander. Jeder unnötige Ballast wird aus den Tornistern geworfen, die letzten Konserven heruntergeschlungen und dabei großartige Redensarten geführt. Zwar fluchen die meisten auf die idiotische Oberführung, die uns von März an Befestigungslinien bauen ließ und jetzt nach diesen Gewaltmärschen zum Sturm führen will. Andere sitzen grün und gelb im Gesicht da, lassen ihre großen Nasen hängen und halten ihr sonst so großes Maul geschlossen. Welche sitzen auch still in einer Ecke und lesen in der kleinen Feldbibel.

Ich stehe abseits hinter einer Scheune und kaue an einem Zwieback. Für mich ist die Sache klar. Endlich werde ich vor deutschen Truppen stehen. Da gibt's für mich nur eins: Vorwärts, entweder durch - oder... Ein Zurückbleiben kommt nicht in Frage.

So fiebern alle dem Abend entgegen. Gerade als deutsche Artilleriegeschosse ins Dorf einschlagen, gehen wir vor in die dunkle Nacht, in das Ungewisse, das der Morgen bringen wird.

Mein Herz schlägt laut. Stumm blicke ich auf das grausige Spiel der Geschützbatterien, die vor und hinter uns aufblitzen und deren Granaten zischend über uns hinwegsausen. Zwei brennende Dörfer vor uns und grelle Raketen beleuchten die stille Landschaft.

Unser Zug löst sich in drei Kolonnen auf. Mein Zug wird hinter einer Scheune versteckt. Dort warten wir auf das Morgengrauen.

16. September.

Beim ersten Dämmern gehen wir noch 500 Meter vor und verschanzen uns in einem kleinen Birkenwäldchen. Vom Feinde nichts zu sehen.

Da werden fünf deutsche Gefangene von unserer Patrouille eingebracht. Sie werden wie Wundertiere umringt und von allen Seiten betrachtet. Freudige Stimmung belebt die aufgeregten Gemüter. Also sind die Deutschen gar nicht so schlimm - sie lassen sich sogar gefangennehmen!... Ich denke: "Arme Jungen, was werden die erst mit euch machen, wenn wir die Schlacht verlieren." Da - ein dumpfes Donnern vor uns, und zischend kommt es herangesaust: "Deckung, Deck..." Krach! Wum! - Krach!

Wie leblos liegt alles am Boden. Zerfetzte Bäume, Dreck und Rauch hüllen uns ein. Ich hebe den Kopf aus dem Sande, möchte was sagen, da kommt schon die zweite Serie Granaten brausend herangezischt, krepiert vor uns. Blitzartig sausen mir die Gedanken durch den Kopf: "Verdammt - wir sind zu weit vorgegangen, die können uns ja treffen. Ein Befehl muß kommen - zurück, nur zurück, vorn ist der Tod!"

Da kommt auch der Befehl - der Kapitän brüllt ihn heraus: *"Vorwärts, vorwärts,* heraus aus dem Wäldchen, hundert Meter vor, ehe es uns erwischt!"

Ist der Mensch verrückt - oder ist *das* Krieg? Ich schaue nach vorn, ein kurzes Zaudern, dann jage ich los. Raus aus dem Wäldchen! Da - ein fernes Zischen, grad auf uns zu. Schon liege ich auf der Erde und kralle mich fest. Da saust es über mich hinweg und schlägt hart hinter unserer Linie auf. Die meisten aber sind durch.

Plötzlich ein dumpfes Aufbrüllen hinter uns, und über unsere Köpfe hinweg sausen die Granaten der polnischen Artillerie auf die deutschen Stellungen.

Das ist ein Zeichen für unser Vorgehen. In hastigen Sprüngen, von unserem Kompanieführer aufgepeitscht, geht es los. Zwanzig Meter, dreißig, vierzig, das MG.-Feuer wird immer stärker, der Kugelregen immer dichter. Schon brechen die ersten Opfer zusammen. Hilferufe und Todesschreie gellen durch die Luft, vermischen sich mit wütenden Kommandos zu einem heillosen Wirrwarr. Ich liege als Vorderster der Linie in einem Granattrichter und schöpfe Atem. Zwei Meter links, etwas hinter mir, liegt mein Mannschaftsführer. Eben geht er in die Höhe, brüllt: *"Vorwärts!",* da sackt er auch schon zusammen. Ein guter Kerl war es, ich rufe ihn an, aber er rührt sich nicht.

Nun halte ich es in diesem Gejammere und Getöse und Vorwärtsgebrülle nicht mehr aus...

Da erhebt der Korporal den Kopf wieder. In seinem blutbeschmierten Gesicht hängt ein blutiger Nasenstumpfen. Er reißt ihn mit einer Handbewegung ab, ergreift den Karabiner, geht hoch und taumelt nach vorn. Da rase auch ich los, gehe an ihm vorbei, falle in ein Loch, gehe wieder hoch - nur raus, raus aus der Feuerlinie! Atemlos falle ich in einen Kartoffelacker, es geht doch nicht mehr. Pfeifend zischt das MG.-Feuer über mich hinweg.

Langsam kommen noch einige andere vorgekrochen. Ein leichtes MG. mit seiner Bemannung ist es. Einer ist auch dabei, der auf mich aufpassen sollte. Jetzt schaut er mich mißtrauisch aus verängstigtem Gesichte an. Ich ziehe mein Gesicht in Lachfalten und denke: "Armer Junge, hast wohl jetzt mehr als genug zu tun, um auf deine eigene Person aufzupassen!" Dennoch fühle ich mich etwas sicherer zwischen einigen Lebewesen. So kommt der Abend. Eine schlaflose Nacht. Und blutiger Morgen.

17. September.

Wir sind kaum hundert Meter vor den deutschen Stellungen. Unsere MG.s beginnen zuerst zu bellen. Sinnlos. Krach muß sein, auch wenn der Deutsche nicht zu sehen ist! Da mischt sich wieder ein Pfeifen und Zischen in dieses Gebelle, schwillt an zu einem tosenden Orkan und saust auf uns direkt zu. Instinktiv kralle ich mich in die Erde, ein krachender Stoß, blitzschnell rolle ich wie ein Igel zusammen, spüre nur: ich habe noch beide Arme und Beine am Körper! Gott sei Dank... krach! Die Erde dreht sich, ich fliege in beißendem Qualm und Sand zwischen feurigen Ringen, ohne Atem, ohne Gedanken und... liege wieder auf der Erde festgekrallt. Das ist die zweite Granate, die kaum zwei Meter neben mir einschlug.

Und nun beginnt eine Hölle. Das schlimmste sind die paar Sekunden zwischen Leben und Tod, in denen man auf das Singen der herannahenden Granate horcht. In denen man sich in die Erde krallt, zusammenrollt, jeden Muskel und Nerv bis zum äußersten anspannt und atemlos darauf fiebert - trifft es dich - oder noch nicht...

Ich weiß nicht, wie lange ich so gelegen habe! Das Artilleriefeuer verlegt sich mehr und mehr nach rechts! Langsam hebe ich den Kopf und schaue mich um. Zwischen Granattrichtern liegen die Körper der Soldaten. Ob sie alle nicht mehr leben? Doch, da hebt auch schon der Ukrainer Siurko den Kopf. Wir schauen uns stumm aus rot unterlaufenen, entzündeten Augen an. Was nun, was weiter?...

Fünf Mann im Kartoffelacker sind noch am Leben. Zwei Polen, ein Ukrainer, ein Jude und ich. Was links, rechts oder hinter uns ist, wissen wir nicht. Die vier möchten, daß wir zurückkriechen, raus aus der gefährlichen Zone. Ich muß natürlich vor... Es gelingt mir, die anderen zu überreden: "Kriechen wir nach hinten, dann müssen wir beim zweiten Sturmangriff sowieso wieder vor! Hat es uns bis jetzt nicht getroffen, trifft es uns beim zweiten Angriff, also warten wir ab und versuchen uns einzugraben!"

Gut, daß wir im weichen Kartoffelacker liegen. In fieberhafter Eile kratze ich mit den Händen eine Vertiefung, dann kann ich schon mit der Schaufel weiterarbeiten, und unter dem wieder einsetzenden Gekrache und Getose ist das Loch endlich so tief, daß ich in Hockstellung drin Zuflucht suchen kann.

Vertrauensvoller schaue ich nun in die Zukunft und beschließe, in diesem Loche abzuwarten, was das Schicksal mit mir vorhat.

Ich schaue auf die Uhr, es ist fünf Uhr früh. Zwei Stunden hat der Sturm gedauert. Jetzt müßte nach altem Brauch der deutsche Gegenangriff losgehen. Aber nichts rührt sich. Sooft ich mich aus dem Loche in die Höhe recke, grüßen mich die deutschen Kameraden gleich mit einigen gutgezielten MG.-Schüssen, so daß ich es vorziehe, wieder von der Oberfläche zu verschwinden und grollend in meinem Loch auszuharren.

Ich erinnere mich nun wieder meines Tornisters, der fünf Meter hinter mir im Acker liegt und in dem ich noch zwei schöne goldgelbe Zwiebacke habe. Die könnte ich jetzt gut verzehren! Langsam ziehe ich mich also aus dem Loch zum Tornister und schleife ihn zurück. Es glückt! Die MG.-Kugeln pfeifen über mich hinweg und können mich nicht treffen.

Wieder sitze ich im Loche, knabbere am Zwieback, und ein neuer Lebenswille kommt in meine Knochen. Ich fände es fast schön und romantisch hier - ja wenn da nicht eine Stimme hinter uns losgedonnert hätte: Warum wir nicht schießen!? Schießen sollen wir, zum Donnerwetter, wenn nicht, dann würden sie von hinten auf uns schießen!

Da erinnere ich mich erst, daß auch ich einen Karabiner haben muß. Ich hatte ihn beim Vorkriechen als unnötigen Ballast liegen lassen. Gut, daß der Kapitän mich von seinem Versteck aus nicht sieht, sonst hätte er mir glatt dafür eine Pistolenkugel in den Kopf gepfeffert. Zwei Meter abseits liegt noch ein Gewehr, ich ziehe es schnell ins Loch, und feuere ein paar Schüsse in die Luft.

Inzwischen hat auch der Ukrainer sein leichtes MG. zurechtgemacht und feuert frisch drauf los. Ebenso die anderen drei, jedoch ganz ohne zu zielen.

Das hätten wir nicht tun sollen. Jetzt kommt die Antwort von drüben auf unseren Kartoffelacker herangezischt. Und nun ist wieder die Hölle los!

Gleich die erste Granate zerfetzt unseren Ukrainer am MG. Reißt ihm den Helm samt der Schädeldecke ab.

Eine Serie nach der anderen haut nun zwischen uns in den Kartoffelacker. Auch ein Pole wird mit zerschmettertem Schädel und Schulter aus dem Loche geworfen. Jetzt sind wir nur noch drei: Zwischen jeder Serie schreien wir uns zu: "Lebst du noch?"...

Und wieder ein Krachen. Feurige Ringe tanzen vor meinen Augen, die Brust wie zugeschnürt, mein Erdloch zugedrückt - ich bin im Sande verschüttet! Wie aus weiter Ferne höre ich rufen: "Jeschke, lebst du?" Ich antworte nicht, ich kann nicht, mir ist alles so einerlei: Nichts hören, nichts sehen, schlafen!

Krach! Krach! Krach!

Himmelherrgott! Jetzt hier alle die verfluchten Kriegshetzer in unsere Löcher stecken, dann gäbe es in fünf Minuten Frieden...

Krach! Krach! Krach!

Verdammt beißender Qualm. Was macht der Erwin, der Waldi, der Lehmann? Wo werden die stecken? Werden uns kaum wiedersehen.

Grausiges Schicksal! Deutsche Jungen, den deutschen Granaten ausgeliefert, keine Möglichkeit, sich als Deutscher erkenntlich zu machen, nur sitzen und warten, warten, bis es dich trifft. Dann hast du Ruhe, dann werden die anderen warten, warten und warten - auf dich...

Krach! Krach! Krach... tak - tak - tak - tak.

Und plötzlich: Hurra!! Hurra!! Hurra!!

Ein Brüllen und Schreien bricht los. Von hinten kommt's.

Ja, sind die denn wahnsinnig?

Unsere zweite Linie, die bisher noch vom rasenden Tode verschont blieb, stürmt vor. Das ist doch heller Irrsinn, sehen denn die Offiziere die Leichenhaufen ihrer Kameraden nicht?

Gott sei Dank, daß sie links von unserem Acker vordringen, nach dort verlegt sich nun auch das deutsche Granatfeuer. Einige Minuten Donnern, Krachen, Tosen, Knattern und Bellen und dann ist Ruhe. Wie ein Spuk ist der Angriff zerstoben. Was nicht erschossen, zerfetzt am Boden liegt, kriecht, rennt zurück, vom rasenden MG.-Feuer eingeholt.

Die nervenzerreißende Spannung läßt nach. Ruhe herrscht, grausige Ruhe. Hilfeschreie, neuerliches Winseln klagt durch die Luft, sucht Rettung, aber niemand kümmert sich darum.

Ich schüttle den Sand ab, denke, jetzt habe ich's doch überstanden. Jetzt müssen sie ja von drüben kommen! Da beginnt es auch schon... Aber nicht die Deutschen kommen, sondern von hinten erhebt sich wieder Hurragebrüll...

Zum drittenmal wird durch die irrsinnige Führung der Rest unserer Truppen zur Schlachtbank vorgetrieben.

Wieder beginnt das widerliche Schauspiel - und wieder ist dann Ruhe. Nur die Hilfeschreie gellen lauter durch die Luft und einige hundert Menschen mehr liegen zerfetzt am Boden.

Diese unfähige, unsinnige militärische Führung!

Ich hebe den schmerzenden Kopf - schaue - ringsum türmen sich die Granattrichter. Auf meinen Ruf antworten zwei Kameraden.

Auch sie leben - aber wie! Aus grauen, verfallenen, mit Dreck bespritzten Masken schauen mich rotentzündete Augen stumpf-sinnig an.

Ob ich auch so aussehe?

Ich recke mich etwas in die Höhe - wenn jetzt nicht bald die Deutschen kommen, dann springe ich wahrhaftig auf und renne hinüber, gleich, was da kommen mag...

Aber da sind sie schon, die graublauen Kameraden! Dreißig Meter vor unserem Kartoffelacker ziehen sie eine Telephonleitung, direkt auf uns zu.

Schnell verschwinde ich wieder im Loche und rufe den beiden polnischen Kameraden zu, sie mögen sich ergeben, gefangennehmen lassen.

Eifrig bejahen sie und bitten, ich möchte nur ja schnell die drüben deutsch anrufen.

Da schreie ich hinüber: "Kameraden! Nicht schießen! Herkom-men!"

"Donnerwetter! Vorsicht - hier sind noch welche!" ist die Antwort.

"Kameraden! Hört ihr! Nicht schießen, wir kommen heraus!"

"Na kommt schon, dalli, dalli!"

Ich rufe den Polen zu, sie mögen herausklettern, recke mich in die Höh... und falle gleich wieder ins Loch zurück. Ein deutscher Soldat wirft eine Stielhandgranate auf den neben mir herauskletternden

Polen, der sich unvorsichtigerweise am Karabiner zu schaffen gemacht hat. Durch dieses Mißverständnis muß er unsere Rettung mit einer schweren Kopfverletzung bezahlen.

Das war aber der letzte Schreck.

Mit einem Satze bin ich jetzt aus dem Loch.

"Kameraden!!... Heil Hitler", schreie ich.

Im Sturmschritt geht's zu den deutschen Stellungen.

"Ich bin ein Deutscher, Kameraden!"

"Hast du Hunger?"

"Und ob! Aber erst eine Zigarette...!"

Während ich in hastigen Zügen rauche, erzählen die Kameraden. Polen ist überrannt... Der Führer war schon in Lodsch...

9 ▌

Zwei Tage
Bataillonskommandeur

Oberleutnant Hugo Meyer, Posen

Ich war wohl der erste volksdeutsche Offizier im polnischen Heere. Das kam so: Aus dem Lissaer deutschen Gymnasium mit dem Abitur 1922 entlassen, wollte ich nach dem Reiche, um zu studieren, kam aber wegen meines militärpflichtigen Alters nicht heraus. Deshalb ging ich sofort zum Militär, wurde zunächst dem Ulanenregiment in Lissa, dann nach einer Erkrankung der Nachrichtenabteilung des dortigen Infanterieregiments und zuletzt der Fähnrichschule in Schrimm zugeteilt, als einziger Deutscher. Die Geheimakte, in der meine Person "beschattet" war, und die ich einmal zufällig einsehen konnte, wanderte treulich hinter mir her. Daß der rechte Flügelmann und Primus der Schule ein Deutscher war, paßte den meisten Polen nicht. Sie verleumdeten mich beim Major, ich hätte in dem Legionärsliede statt *"nasz Kościuszko"* - *"wasz K."* (statt "unser K." - "euer K.") gesungen. Strenges Verhör beim Major. Ich parierte mit einer eigenen Beschwerde. Es sei für meine nationale Ehre untragbar, täglich die "Rota" von der

Maria Konopnicka singen zu müssen, in der wir Deutschen "eine böse Brut" genannt werden und worin die Wendung vorkommt: "Nicht mehr wird der Deutsche uns speien ins Gesicht..." Das Lied hätte ich nie mitgesungen und könnte es auch in Zukunft nicht. Die Deutschen hätten nicht einmal die Angewohnheit, Tieren ins Gesicht zu spucken, geschweige denn Menschen. Statt eines heftigen Donnerwetters, das ich erwartete, machte mein gestrenges Gegenüber eine Verlegenheitspause und entließ mich. Noch größer aber war mein Erstaunen, als der Major bald darauf das tägliche Absingen der "Rota" unersagte.

Aus dieser Zeit ist mir noch in besonderer Erinnerung, daß viele von den polnischen Offizieren, die eine deutsche militärische Ausbildung genossen hatten, darauf immer sehr stolz waren und sich ihren kongreßpolnischen Kameraden haushoch überlegen dünkten. So sagte mir mein Kompanieführer einmal: "Meyer, solange du Fähnrich bist, halt' die Schnauze, auch wenn deine Vorgesetzten Blödsinn machen, aber wenn du Offizier bist, dann zeig' ihnen, was ein Deutscher kann."

Nach der ersten Übung beförderte man mich zum Leutnant der Reserve. Wer beschreibt aber mein Erstaunen, als ich in meinem neuen Wehrpaß entdeckte, daß ich, ein Deutscher und Protestant, darin plötzlich zum *"Polak"* und *"Katolik"* geworden war. Ich mußte alle Überredungskünste anwenden, um diese Fälschung zu beseitigen und einen neuen Paß zu bekommen. Erfolg: Versetzung in ein anderes Regiment, Garnisonstadt Siedlce.

Als der Krieg ausbrach, war ich Oberleutnant der Reserve und mußte mich sofort nach Siedlce begeben. Schon auf der Fahrt dorthin wurde mir klar, daß eins in Polen bestimmt nicht klappen würde, nämlich die Organisation. Was sich unterwegs meinen Augen darbot, spottete jeder Beschreibung. Die Reservisten konnten nur mit den fahrplanmäßigen Zügen fahren, und diese waren wie

Heringstonnen gefüllt, oft mehr mit flüchtenden Zivilisten als mit Militärpflichtigen. Daneben ein Abteil, in dem nur ein Oberst mit einer Bulldogge saß und in das er uns gewöhnliche Sterbliche nicht hereinließ. Die Reservisten kamen schon halb gerädert in ihrer Garnison an. Hier war aber kein Nachtlager für sie vorbereitet, so daß sie die ersten Tage und Nächte unter freiem Himmel zubringen mußten. Als nun gar die ersten deutschen Bomben fielen, sank die Stimmung so unter den Nullpunkt, daß die naivsten Schwindelmeldungen über polnische, französische und englische Siege sie heben sollten. Als wir aber 8 Tage nach Kriegsausbruch nach Süden marschierten, ohne klares Marschziel, da wollte keiner mehr an den Schwindel glauben.

Ich hatte im stillen gehofft, man würde mich, den Deutschen - als solchen wies mich mein Paß aus - irgendwo zum Drillen von Rekruten benutzen. Statt dessen übergab man mir die Führung einer Kompanie, mit einem polnischen Leutnant als Aufpasser. Jede Weigerung hätte für mich den Tod bedeutet. Ich mußte also mit. Als ich für meine Leute Kennmarken anfertigen ließ, lachten mich die anderen Kompanieführer aus. Das sei Spielerei. Dieser Leichtsinn und diese Verantwortungslosigkeit waren mir unbegreiflich und empörten mich.

Die Verfassung der Truppe war alles andere als zufriedenstellend. Das neue Schuhwerk brannte wie Feuer, war es doch überhaupt nicht gefettet und zum Teil nicht richtig zugepaßt. Dazu die miserable Verpflegung, die nur in den ersten paar Tagen einigermaßen regelmäßig verabfolgt wurde. Die Brotrationen fielen sehr bald aus. Die warmen Mahlzeiten wurden rarer, bis wir die Gulaschkanone ganz verloren. Kein Wunder auch, wenn man bedenkt, daß nicht einmal die Kompanieführer Karten hatten und Truppe und Troß verschiedene Wege geführt wurden. Im Bataillon hatten wir lediglich eine einzige Karte, die wie ein Augapfel gehütet und dem jeweilig die Spitze führenden Kompanieführer anvertraut wurde. Marschiert wurde nur nachts, während am Tage nur kürzeste Rast bewilligt wurde, die die Leute auch dann noch mit unnötigen Schanzarbeiten ausfüllen mußten. Vor jedem herannahenden Flugzeug hatten wir in Deckung zu gehen. Meistens war es der Wald, der uns aufnahm. Und ob sich dann alle wieder zum Marsch einstellten? Es zählte niemand seine Mannschaften und fragte nicht nach den Zurückgebliebenen. Dies war auch rein technisch nicht möglich, da unsere Truppe sich durch die langen Märsche in andere Marschkolonnen hineinschob. Diese Gewaltanstrengungen auf den Märschen bis zu 65 Kilometer bei Nacht und im tiefen Sand brachten allein in meiner Kompanie einen Verlust von 30 v. H. des Bestandes, ohne daß in den ersten zehn Tagen des Marsches ein Schuß abgegeben worden wäre. In Ermangelung von ausreichenden Karten mußten wir die Bauern zu Führern nehmen, deren Angaben man keinen Glauben schenken konnte. Stumpf und teilnahmslos marschierten daher Mensch und Tier, und beide hielten nur Ausschau nach etwas Eßbarem. War es dann noch verwunderlich, wenn die Soldaten vor Ermattung einfach vom Wege in den Graben stürzten, und die Aufforderung zum Weitermarschieren mit einem Seufzer nach Wasser und Brot beantworteten? Einzelne sind wohl der Truppe nach einer längeren Rast nachgekommen. Es war bald keine Seltenheit, barfüßige Soldaten zu haben. Dies waren nicht etwa Folgen von fehlendem Schuhwerk, sondern von blutunterlaufenen und vereiterten Füßen, für die die Sanitäter außer Jod keine Linderungsmittel besaßen. Wohl hatten wir einen Arzt, einen Juden, den dies aber wenig interessierte, und für den es die Hauptsache war, auf dem einzigen Sanitätswagen Platz zu finden. Kaum jemals habe ich einen Menschen gesehen, der so um seine eigene Haut besorgt war wie dieser "Menschenfreund". Aber Unter den Linden wollte er spazierengehen, wie er oft prahlte.

Unser Weg führte uns im Zickzackkurs über Łuków-Adamów in die Gegend von Ryki. Hier machten wir die erste Bekanntschaft mit den deutschen Bombern. In großer Höhe erschienen sie. Wir verkrochen uns, so gut es ging. Harte Aufschläge und schaurige Explosionen zeigten uns, daß die schwere Last irgendein Ziel gefunden haben mußte. Es war ein Brückenkopfkommando, das entdeckt wurde. Die ersten vier Toten und einige Schwerverletzte! Trotzdem die Einschläge in einer ziemlichen Entfernung von meinem Standort erfolgten, meinte man, sie in unmittelbarer Nähe zu haben, so stark wurde die Erde erschüttert. Schleunigst blies man wieder zum Aufbruch und schlug die entgegengesetzte Marschrichtung ein.

Lubartów war unser nächstes Ziel. Dort sollte gerastet werden. Unterwegs, es war etwa 9 Uhr abends, wunderte ich mich über die aufsteigende Helligkeit. Neugierig wandte ich mich um. Was war das? Eine Naturerscheinung? Nach einiger Zeit vernahmen wir ein Dröhnen und eine Erschütterung, die ich nie in meinem Leben vergessen werde. Bald erfuhren wir, daß die Festung Demblin, das alte Iwangorod, mit ihren riesigen Vorräten an Artilleriemunition und Benzin in die Luft gesprengt sei. Ein Teil unseres Bataillons hatte, wie ich später erfuhr, die Evakuierung der Stadt besorgen müssen. Jetzt konnte nicht mehr verheimlicht werden, daß die deutschen Truppen bei Radom standen. Wohin zum Teufel sollten wir überhaupt noch? Vom Westen die Deutschen, vom Osten die Russen und wir dazwischen. Um den Eindruck zu verwischen, wurde uns erzählt, daß wir in die Riesenwälder bei Cholm stoßen sollen, wo wir größere Truppenverbände unter persönlicher Leitung des Marschalls Rydz-Smigly antreffen würden. Dort gebe es Rast und Erholung und Neuaufstellung der großen polnischen Armee, die dann zu dem machtvollen Schlage gegen die hereingelockten Deutschen ausholen solle. Wohl war die Nachricht von der Flucht des Staatspräsidenten ins Ausland durchgesickert, doch wurde dies damit entschuldigt, daß das Staatswohl es erfordere. England käme ja nun zu Hilfe.

Die Wälder von Cholm winkten also den müden Soldaten und versprachen Ruhe. Plötzlich Motorengeräusch. Eigene Flugzeuge haben wir nie gesehen, also mußten es feindliche sein. Dazu die Straße Lublin-Cholm-Kowel mit Truppen und Train verstopft. Flüchtlinge hasteten an uns vorbei, die einen nach Osten, die anderen nach Westen. Also wieder runter vom Wege. Das Flugzeug wurde unter Feuer genommen. Die Hölle war los. Die MG.s feuerten über die Köpfe der Truppen hinweg. Das Flugzeug kreiste ruhig weiter. Ein geringes Wippen wurde mit großem Geschrei begrüßt, denn nun mußte es ja stürzen. Weit gefehlt! In großem Bogen zog es ab und kam wieder, um sich die Marschkolonnen besser ansehen zu können. Wir wußten Bescheid! Jetzt werden die grauen Vögel uns bald die Hölle heiß machen. Und in der Tat waren die Wälder bald das Ziel des Anfluges einer größeren Staffel. Die Artilleriestände wurden unter Feuer genommen, während wir Deckung hinter den dicken Fichten und Laubbäumen nahmen.

Schleunigst wurde wieder aufgebrochen und gegen Süden marschiert, um Zamosch zu entsetzen. Krasnystaw war unser nächstes Ziel. Erreicht haben wir es nicht, weil dort bereits der Kampf tobte. Wir bezogen eine Stellung abseits von Krasnystaw und sicherten den Abschnitt nach der Wieprzniederung zu. Wie unzureichend der Nachrichtendienst war, belehrte mich gerade diese Position, mußten wir doch schleunigst die Division in umgekehrter Richtung sichern, da wir einen Angriff auf unsere eigene Rückendeckung erwarten mußten. Hier zog an uns eine Trainkolonne vorbei, deren Länge und wenig geordnete Marschweise deutlich das allgemeine Chaos kennzeichneten. Während die Truppen kaum noch Verpflegung hatten und Brot überhaupt nicht mehr sahen, waren die Wagen überhaupt nicht oder mit unnützem Zeug beladen. Hier einige Konservendosen, die lediglich dem Train vorbehalten waren, dort leere Kisten. Vergeblich bemühten sich die Fourageoffiziere, Ordnung in das Durcheinander zu bringen. Es gelang nicht, und kurz entschlossen griff unser Divisionskommandeur durch und verschenkte einige Dutzend Wagen mit Bespannung und Inhalt an die Bauernbevölkerung. Wir konnten hungern!

Noch war unser Bataillon zu keiner Kampfhandlung gekommen. Wir marschierten, marschierten und dachten uns nebenbei, daß nun wohl bald das Ende kommen müsse. Man horchte hier und da, um Genaueres zu erfahren, doch waren die Nachrichten derart widersprechend, daß wir es schließlich aufgaben, uns Gedanken darüber zu machen. Schließlich merkten wir doch, daß wir in die Kampfzone hineingerieten. Sah man doch Spuren von zerrissenen und verbrannten Akten anderer Regimentskanzleien, die ein untrüglicher Beweis dafür waren, daß sie hier in eine verzweifelte Lage geraten sein mußten.

Die Fliegertätigkeit hatte gegen den 18. September nachgelassen. Warum? Mit vielsagender Miene wurde uns eröffnet, daß England nun sein Versprechen gehalten habe, und daß die Durchbrüche am Westwall der Grund für die Zurückziehung der Luftwaffe wären. - Schreck lähmte mich sekundenlang, und bange Sorge stieg in mir auf. Teufel noch einmal, es darf doch nicht schief gehen! Nein! Es muß bestimmt ein anderer Grund sein. Aber wo erfahre ich die Wahrheit?

Das Ende unserer qualvollen Märsche war noch nicht abzusehen. Da plötzlich geht eine Bewegung durch die rastende Artillerie. In meiner unmittelbaren Nähe - ich führe gerade die Nachhut - werden Geschütze abgeprotzt. Aha, Feind in Sicht! Dann wird es still. Weiter! Aber noch in derselben Nacht sind wir in unmittelbarer Nähe der Front. Das Bellen der MG.s, und das Heulen der Artilleriegeschosse und die Einschläge machen schaurige Musik. Brennende Dörfer mahnen an die harte Wirklichkeit. Auf den Feldwegen vor Cieśniki staut sich die Artillerie. Wenn das die Deutschen wüßten! Auf dem Friedhof wird die Kompanie abgestellt und ich selbst muß nach vorn. Am Dorfeingang glotzen mich zwei Ungetüme an. Schnell mal nachsehen. Die ersten deutschen Munitionslastwagen! Schnell weiter zum Bataillonsstand. Ein großes Durcheinander und große Aufregung herrschen in der engen Bude. Nur ja keinen Lichtstreifen nach außen dringen lassen! Meine Kompanie als die zahlenmäßig stärkste, soll einen Spähtrupp verschicken. 10 Mann und 1 Zugführer ziehen ab. Der Rest darf vor der verriegelten Kneipe im Dreck rasten. Kälte und Nässe übermannen auch mich und im Stehen wird schnell noch ein Schläfchen getan. Der Morgen bricht an. Meine Leute kehren zurück, ohne irgend etwas erspäht zu haben. Was wird es geben? Plötzlich entdeckt jemand hinter der Kneipe einen verwundeten deutschen Soldaten. Schnell wird der Arzt geholt und der stark Blutende verbunden. Ein Raunen geht durch die Reihen unserer Soldaten. Alles will den Mann sehen. Der junge, wohlgenährte Verwundete, der sich tapfer hält, wird allgemein bewundert. Die Deutschen sollen ja keine Lebensmittel haben und halb verhungert aussehen! Und dieser sieht doch gar nicht danach aus. Sanitäter holen eine Tragbahre, und der Verwundete wird zum nächsten Krankenhaus abgefahren.

Nun wird das Bataillon zum Angriff formiert. Ich komme mit meinen Leuten zum Einsatz am linken Flügel. Feldartillerie geht in Stellung, auch Pak und MG.s. Aber schon hat man unsere Bewegung drüben bemerkt. Wir werden von der deutschen Artillerie abgetastet. Im Eilschritt gehe ich mit meiner Kompanie nach dem linken Flügel des Abschnittes. Ausgeschwärmt und gestaffelt drücken wir auf den nahen Wald zu, der von einem schwachen deutschen Spähtrupp gehalten wird. Mitten im Sturm erblicke ich vor meiner Linie zwei Soldaten der deutschen Wehrmacht, von denen einer schwer verwundet sein muß, während der andere sich um ihn bemüht. Einer meiner Leute versteht die Zeichensprache dieses deutschen Soldaten und reißt aus der Patronentasche eine Schnur, mit der der stark blutende Oberschenkel abgebunden wird. Schon bin ich dran und erkundige mich, ob's ihn schwer getroffen hat. Ein dankbarer und ob der deutschen Anrede verwunderter Blick trifft mich, und mit verkrampfter Stimme gibt der Verwundete Bescheid. Mir würgt es in der Gurgel. Ich kann ihm nur noch zurufen, daß meine Sanitäter gleich kommen werden und muß weiter nach vorn. Ein Blick zurück aus dem Walde überzeugt mich, daß diese sich des Verwundeten angenommen haben.

Wohl hatten einige Hitzköpfe während unserer langen Märsche dafür propagiert, daß man jeden Gefangenen erledigen müßte, aber meine energische Aufklärung, daß waffenlose und verwundete Deutsche keine Feinde mehr sind, belehrte sie eines Besseren. Es ist mir auch nicht bekanntgeworden, daß von meiner Kompanie ein Gefangener ermordet worden ist, mit Ausnahme eines Falles, wo ein gefangener deutscher Soldat von einem anderen mir nicht unterstellten Trupp erschossen wurde, als er sich zur Flucht wandte. Außerdem wurde ein Volksdeutscher in Zivil niedergeknallt, dem man Spionage angedichtet hatte, allerdings von einer anderen Kompanie. Es soll ein Reschke (?) aus dem Lodscher Gebiet gewesen sein.

Der Wald ist erreicht. Ich verliere den größten Teil meiner Leute, trotzdem vorher genaue Instruktion gegeben war, wo wieder anzutreten sei. Kein Wunder auch, denn jeder Kompanieführer ist froh über jeglichen Zuwachs und reiht sofort jeden Umherirrenden bei sich ein, zumal die anderen Kompanien kaum über nennenswerte Bestände verfügen. Einer klaut dem andern die Leute weg.

Jetzt beginnt erst richtig die Hölle, denn wir werden nicht nur von der deutschen Artillerie, sondern auch von der polnischen mit schweren Brocken eingedeckt. Zurück in den Wald, Bescheid sagen und wieder nach vorn. Rechts von uns tobt der Kampf und wogt hin und her, bis die Dunkelheit ihm ein Ende bereitet. Brennende Gehöfte und Getreideschober umrahmen das schaurig grandiose Bild. Notdürftig eingebuddelt, habe ich hier mit einem Bruchteil der Mannschaft trotz Artilleriebestreuung diese Nacht auf dem Felde zum erstenmal ordentlich geschlafen. Erst am dritten Tage lösen sich die Fronten und wir ziehen weiter südwärts. Viel später erst wird mir klar, daß uns die deutschen Truppen hier nur aufhalten sollten, um an einer anderen Stelle rechtzeitig den Kreis enger schließen zu können.

An Komarów vorbei streben wir dem Ort Krasnobród zu. Diesen Weg müssen schon vor uns Truppen gegangen sein, sehen wir doch Spuren von Kampf, Vernichtung und Tod. Starker Leichengeruch schlägt uns entgegen. Ein deutscher Kampfwagen mit weißem Kreuz ist im Morast steckengeblieben. Gute Arbeit und keine Pappe! Glücklicherweise hat bei unserer Truppe niemand das Ammenmärchen von den Tanks aus Pappe aufgebracht. Gebührend und ausgiebig wird der Wagen beklopft und bestaunt. Teufel auch, dagegen kann man nicht an! Der vorangegangene Kampf mit all seinen Schrecken, Hunger und die sinnlosen Märsche tragen dazu bei, daß die Leute keine Lust mehr haben, "nach Berlin" zu marschieren.

Ausgerechnet müssen wir nachts unsere Flanke sichern, da eine sinnlose Schießerei unsere Oberen nervös und unsicher macht. Unsere Leute sehen schon in ihren eigenen Kameraden Gespenster und knallen einfach drauf los. Keuchend geht's bergauf und bergab. Nur die brennenden Feldscheunen zeigen die Richtung an. Dort hinten soll unser Ziel sein. Plötzlich melden die Späher verdächtige Bewegungen, einige Kraftwagen wären von ihnen erkannt, und schon ist alles bereit, abzuhauen. Es war ja auch nicht meine Aufgabe, den Ort zu erobern. Eine furchtbare Detonation von angehäufter Munition macht die Leute gänzlich kopfscheu. Wir suchen Anschluß an unsere Truppe! Der hungrige Magen knurrt. - Die Mannschaft auch. Wird man in dem vor uns liegenden Ort rasten und etwas Eßbares erhalten können? Diese Frage beschäftigt mehr als der Krieg, und ich muß, wie so oft, alles versprechen, wenngleich ich selber nicht daran glaube. Wir haben aber Glück. Die von uns vor einigen Tagen einer anderen Truppenformation weggeschnappte Gulaschkanone hat sich wieder eingefunden, und mit allergrößter Eile wird die Portion verschlungen, um noch schnell die zweite zu erwischen. Wir steigen herab zum Wieprz auf die Stadt Krasnobród zu. Totenstille! Nur das Knirschen der Wagenräder und das Wiehern der Pferde durchdringt die Stille. An der Brücke werden wir aufgehalten. Der Mond bricht durch, und zu meinem größten Erstaunen verwandeln sich die gerade ausgerichteten, schöngepflegten Baumreihen in schwarzberußte Schornsteine, die sich zum Himmel recken. Jetzt erkenne ich auch die Trümmerhaufen. Eine Stadt ist hier einmal gewesen... "Schadet nichts, Hitler wird schon bezahlen, und wir werden ein neues modernes Polen aufbauen", lacht der Bataillonskommandeur und schickt sich an, Freiwillige für einen nächtlichen Überfall auf deutsche Tanks zu werben. Man grinst verbittert und geht dem Wahnsinnigen aus dem Wege. Sein eigener Adjutant verweigert seine Teilnahme.

Nur kurz ist die versprochene Rast. Die Leute murren und müssen aus den warmen Schlafwinkeln aus Stall und Scheune einzeln herausgetrommelt werden. Schlaftrunken und zum Umfallen müde werden wir durch den zerstörten Ort getrieben. Heckenschützen, vornehmlich Juden, sollen hier Widerstand geleistet und auf deutsche Truppen geschossen haben. Verkohlte Leichen und verbrannte Kraftwagen liegen umher. Die schlechte Sicherung des Ortes durch die vor uns eingezogenen "Eroberer" muß sich verhängnisvoll auswirken. Kaum haben wir die letzten Häuser passiert, und eine Waldschneise zwischen ansehnlichen Höhen erreicht, da bricht der Spuk auch schon los. Die Späher mit dem Bataillonskommandeur an der Spitze trotten ein paar Meter vor der Truppe her und kehren sich nicht um die nahen Büsche. Wir schlafen ja schon im Gehen! Da jagen auch schon die deutschen MG.s mit ihrer Leuchtmunition in die zusammengeballte Masse, die sofort zurückflutet. Nur mit Mühe können die Offiziere ihre Leute zum Hinlegen und Ausschwärmen bewegen. Ein aussichtsloser Sturm auf die Höhen und von dort auf die Schlucht herab erstickt in dem Feuer der Gegenseite, das mit Hilfe von Leuchtraketen sicher und zielbewußt geleitet wird. Der Adjutant fällt, und vergeblich bemüht sich der Bataillonskommandeur, ihn zu finden. Die Truppe ist verschwunden. Wir paar Offiziere machen schleunigst kehrt und stolpern talabwärts... Wie eine Siegesfanfare höre ich noch das Kommando des deutschen Offiziers durch den nächtlichen Wald hallen, der "die erste Kompanie" zum Sammeln rief.

Nach dem ersten Schreck sollen wir bis zum Morgengrauen, so gut es geht, einen Unterschlupf suchen. Wir haben aber die Rechnung ohne den Wirt gemacht. Kaum sind die Glieder warm geworden, als auch schon von den Posten die Meldung eintrifft: "Sie kommen!" Eine wüste ziellose Schießerei nach allen Seiten gegen den unsichtbaren Feind, der uns zu umzingeln scheint, und ein Durcheinander ohnegleichen, veranlaßt den Bataillonskommandeur, uns an den Fluß zurückzuwerfen. Er selbst wird verwundet und haut nach hinten ab. - Werden sie nun kommen? Und wird endlich, endlich mal das einzig Richtige getan, nämlich die Kapitulation erfolgen? Aber nein, die hohen Herren wollen ja, daß wir ihnen die Flucht nach dem Auslande sichern. Mögen die Soldaten bluten. Dazu sind sie ja da. Hauptsache, man ist mit "Ehren" nach dem Auslande gegangen. Wir müssen daher noch einmal nach vorn. Ich bekomme das Kommando über das Bataillon und muß zum Sturm über eine völlig kahl gefressene Wiese ansetzen. Ein Wahnsinn ist es, gegen die feuerspeienden MG.s anzurennen, während wir über kein einziges mehr verfügen. Unter starkem MG.-Feuer muß ich wieder zurück zum Ufer, um den linken Flügel nach vorn zu bringen. Die Herren Obersten, die mich nach vorn gejagt haben, halten ihr Plauderstündchen und beantworten meine Fragen mit Achselzucken!

Es mußte nur ein schwacher deutscher Spähtrupp vor uns gewesen sein, sonst wären wir nicht so glatt die 500 Meter herübergekommen. Meine Leute hatten kaum gezielt, und manchen wähnte ich schon tot. Aber er kam immer wieder hoch und stürmte nach vorn. Ihm blieb auch nichts anderes übrig, denn Deckung bot uns die Wiese nicht. - Nur der Spaten vor der Stirn war mein Schutz, denn Stahlhelme hatten wir nie gesehen, wenn nicht gerade ein Toter freiwillig seinen hergab. Was machte aber die polnische Artillerie? Die Infanteristen hatten vergebens auf ihre Unterstützung gewartet, und als sie einsetzte, dann leider prompt in die eigenen Reihen. Das verstand sie übrigens ausgezeichnet, denn der Artilleriebeobachter war nie vorne zu sehen. "Der Draht ist wieder mal ausgegangen", war ständig die faule Ausrede.

Als ich auf der Straße Umschau nach einem guten Unterschlupf halte, steht plötzlich ein volksdeutscher Unteroffizier, Georg Lipke aus Posen, vor mir. Wir drücken uns die Hand, freudig bewegt. Ein verständnisvoller Blick! Wir wissen, der Schlamassel geht jetzt zu Ende.

Am nächsten Morgen erfahren wir, daß unsere Obersten schon vor 24 Stunden die weiße Flagge gehißt und sich ergeben haben, ohne uns die geringste Meldung zu schicken. Wir fluchen und stellen uns nun auch den deutschen Vorposten als Gefangene.-

Über all das, was ich in den wenigen Wochen innerlich gelitten habe, will ich keine Worte verlieren. Grau und fahl kam ich nach einer erlebnisreichen Wanderung und Fahrt in Posen an. Wenn ich jetzt an die Parole der polnischen Prahlhänse *"Silni, zwarci, gotowi"* (stark, einig, bereit) denke, wird mir klar, daß wohl noch kein Volk so von seiner Führung belogen und irregeführt wurde wie das polnische.

10

Ich rettete mich zu den deutschen Brüdern

Uffz. Bernhard Roy, Posen

Auf dem Marsche von Sochatschew nach Warschau erlebte ich so tolle Dinge, daß mein Plan, mich zu retten, bald feststand. Sehr oft hörte ich Schüsse krachen und dann hinterher das Geprahle, man hätte wieder "Diversanten" erledigt. Mir war klar, daß das immer unschuldige volksdeutsche Opfer waren. Ein Staat, der uns entrechtet und geknebelt hatte und zuletzt Tausende in die Gefängnisse warf, dessen Soldateska jeden ihr begegneten Volksdeutschen als Spion niederknallte, konnte der von mir noch erwarten, daß ich einen erzwungenen Fahneneid hielt?

"Die letzten werden die ersten sein", dachte ich mir, blieb mit der Nachhut zurück und markierte den Hinkenden, um mich zu verdrücken. Aber schon war mein Aufpasser, ein Fähnrich, da, um mich zu beluchsen. Wenn er mich ansah, funkelte es in seinen Augen. Ich wußte Bescheid.

Trotzdem gelang es mir, zurückzubleiben und mich bei einem Dorfe im Gehölz zu verstecken. Das wäre mir aber beinahe schlecht bekommen, denn ein deutscher Panzerwagen knallte einige Brocken in die Nähe meines Verstecks, daß mir Hören und Sehen verging. Nachts machte ich mich auf die Suche nach den Deutschen, aber immer wieder traf ich nur auf flüchtende Polen. So saß ich bis zum Morgengrauen in einem Gebüsch am Wege und dann blieb mir nichts weiter übrig, als mit einer anderen Truppe Richtung Warschau zu marschieren.

Als ich dort ankam und die Vorbereitungen zur Verteidigung sah, wurde mir doch reichlich bange. Würde es aus diesem Hexenkessel ein Entrinnen geben? Es dauerte nicht lange, da war ich einem Pionierbataillon zugeteilt und zu den Befestigungsarbeiten abkommandiert.

Eines Tages wurden wir Pioniere nach dem "Sächsischen Garten" befohlen. Während die Granaten über uns dahinheulten, und nah einschlagende Geschosse uns schnell Deckung nehmen hießen, und die Scheiben aus den Häusern mit Getöse auf die Straße fielen, jagten wir in kleinen Trupps unserem Bestimmungsorte zu. Der "Sächsische Garten" bot einen schauerlichen Anblick. Vor kurzem mußte hier noch polnische Artillerie gestanden haben. Einige unbrauchbar gewordene Geschütze stießen ihre Rohre durch die Zweige. Die danebenstehenden, halb angeschirrten Pferde ließen apathisch die Köpfe hängen. Alles zeugte von einer überstürzten Flucht aus dem Garten. Die zerfetzten Baumkronen und mancher kahle Baumstamm ließen uns ahnen, welch ein Orkan darübergebraust war.-

Zwischen den Laufgräben, die den ganzen Park durchzogen, lagen - ich riß die Augen weit auf - Tausende von Granaten aller Kaliber und unzählige Kisten mit Handgranaten und Munition für alle Waffenarten in riesigen Stapeln aufgeschichtet. Während wieder die deutschen Granaten heranheulten, flitzte unsere ganze Gesellschaft wie ein Blitz in die Gräben, wovon einige notdürftig gedeckt waren. Es wurde uns allmählich ziemlich ungemütlich in der Nachbarschaft dieser Munitionsstapel. Jeden Augenblick konnte ja im Hagel der deutschen Geschosse der ganze Zauber in die Luft fliegen und wir mit ihm. Schreckensbleiche Gesichter starrten entsetzt auf die Offiziere, die uns auseinandersetzten, daß wir hergekommen seien, um diese Munition zu verladen. Das war Wahnsinn und mußte mit einer Katastrophe enden. - Wir warteten auf die Lastwagen, die zur Verladung bestimmt waren, doch die erschienen nicht. Ein Mann, der ausgesandt wurde, um nach ihnen zu sehen, kam bald wieder und berichtete mit schlotternden Knien, daß die Straße unter Feuer liege und unpassierbar sei. Der Offizier fluchte wild und musterte finster seine Heldenschar, die sich in die äußersten Ecken des Grabens verkrochen hatte und die Köpfe an die Grabenwände preßte. Die verzerrten Züge des Offiziers belustigten mich fast. Da hatte er mich auch schon unter die Lupe genommen und befahl mir in beinahe bittendem Ton, den feigen Kerlen da zu zeigen, daß ein polnischer Soldat auch im schwersten Feuer seinen Auftrag auszuführen habe. Es zuckte mir in den Mundwinkeln und ich mußte mich zusammennehmen, um nicht grimmig zu lächeln. Während ich von Toreingang zu Toreingang sprang, hoffte ich im stillen, daß inzwischen eine Granate das Munitionslager im "Sächsischen Garten" vernichten würde. - Am Standort der Militärlastkraftwagen rief meine Meldung eine ganz unerwartete Bewegung hervor. Unser Kompanieführer wurde eilig herbeigerufen, und dieser fragte mich in überstürzten Worten, ob wir viele Tote gehabt hätten und ob die beiden Offiziere noch bei uns wären. Meine beruhigende Antwort erfreute ihn so, daß er mich zu meiner Verblüffung umarmte, auf die Stirn küßte und mir Zigaretten anbot.

Nun ging es sofort mit anderen, schnell fertiggemachten Lastwagen nach dem "Sächsischen Garten". Die Beschießung hatte etwas nachgelassen, und so kamen wir ohne Schaden durch.

Ein Teil der Munition war schon verladen, als der Befehl kam, sofort einzuhalten und den Park zu verlassen. Ein richtiges Musterbeispiel der polnischen Führung! Viel Tamtam und dann doch nichts erledigt.

Mit blassen Gesichtern drängte sich die Bevölkerung Warschaus vor den Lebensmittelgeschäften. Nachts um 1 Uhr standen schon manche auf, um beim Bäcker, bis zum Morgen wartend, ein Stückchen Brot zu erwischen. - Während man uns Tag für Tag in einen anderen Stadtteil jagte, um irgendwelche Arbeiten zu verrichten, brausten unaufhörlich die deutschen Bomber heran und zwangen uns, Deckung zu nehmen. Ein unerhörtes Glück bewahrte mich unzählige Male vor dem Tode. Unter den Wagen der Warschauer elektrischen Eisenbahn liegend, bewunderte ich die in Ketten heranbrausenden Stukas, die im steilen Sturzflug herabkommen, um sich dann, ihre Bomben werfend, wieder mit unheimlichem Geheul der Motore hochzuschrauben. Immer näher krachten die Bomben und immer lauter und schrecklicher tobten die Motore. Steine, Eisen und ganze Wagenladungen voll Erde prasselten auf die Dächer der Waggons hernieder.-

Zwischen den Schienen liegend, das Gesicht an die bebende Erde gepreßt, erwarteten wir unser Ende. Bald entfernte sich jedoch der Spuk und wir stürzten zwischen den Trümmern hervor. Riesige Trichter kennzeichneten die nahen Einschläge, Schienen waren wie Bindfaden zerrissen und reckten sich wie Schlangenleiber in die Höhe. Ein unheimliches Bild der Zerstörung!

Noch furchtbarer war der Weg, der uns nach Wola hinausführte. Zwischen Menschen- und Pferdeleichen, die die Luft in gräßlicher Weise verpesteten, standen die ausgebrannten Gestelle von Kraftwagen und Tanks, lagen umgekippte Flüchtlingswagen, aus denen Betten quollen und aufgesprungene Koffer ihren Inhalt zeigten. Mit Grauen in den Gesichtern stürzten wir vorwärts. Hell peitschend sandte von irgendwoher ein deutsches Maschinengewehr seine ersten Feuerstöße in unsere Reihen. Verwundete mit fahlen Gesichtern wankten vorüber. Brustschüsse. Hell strömte das Blut über die Uniform; noch wenige Schritte und dann brach einer zusammen. - Alles stob in wilder Flucht zurück. Mit vorgehaltener Pistole zwangen die Offiziere zum Halten. Die hereinbrechende Nacht verbrachten wir auf einem Friedhof. Tankgräben sollten wir anlegen, und im Schutze der Dunkelheit strömten Verstärkungen herbei. Wir gruben.

In der Morgenfrühe ging es zurück zur Stadt, denselben pesterfüllten Weg entlang.

In den entgegengesetzten Stadtteil ging nun der Marsch. In der Nähe einer Anstalt - dem "Cyf" - schlugen wir unser Lager auf und bauten Stacheldrahtverhaue, "Spanische Reiter". Drei Tage lang. Die halbverhungerten Gestalten wurden zusehends schwächer. Brot gab es schon lange keins, nur etwas schwarzen Kaffee und zu Mittag eine dünne Suppe, in der die Häutchen einiger zerkochter Erbsen schwammen. - Einer führte ein Pferd vorbei, und wie die Geier warteten die Leute, um sich auf die Beute zu stürzen. - Über Warschau lagerte eine dichte Rauchwolke.

Der Widerstand der Polen an den Stadträndern war zäh und erbittert. Mein Wille, aus diesem Hexenkessel herauszukommen, koste es was es wolle, war zu einem festen Entschluß gereift. Bei der Aufstellung der Drahthindernisse mußte die Flucht gewagt werden.

In der Nacht sollten wir die "Spanischen Reiter" hinbringen und eineinhalb Kilometer Stacheldrahtverhau vor unsere Linie legen. - Der Transport der Böcke begann zur festgesetzten Zeit. Einzelne heranheulende Granaten krachten in den Wald, wo wir auf den Beginn unserer Arbeit warteten. Ungefähr 600 Meter vor dem Waldrand begann das Ziehen des Drahthindernisses. Das flache Gelände war eigentlich wenig dazu geeignet, sich unbemerkt zu entfernen. Außerdem waren noch Posten aufgestellt, um uns vor Überraschungen zu sichern. Ein Kilometer des Hindernisses war schon aufgestellt, als wir uns einem langgestreckten Gerüst näherten, das einen Schuppen darstellte. Mein Trupp war gerade mit einer Anzahl Böcke angelangt. Der Offizier, der die Arbeit überwachte, war aber verschwunden, und wir warteten eine Weile vergeblich auf ihn. Meine Leute wollten nun einfach die Böcke stehen lassen und sich auch zurückbegeben. Da befahl ich ihnen, noch einen Augenblick zu warten; vielleicht befände sich der Leutnant an dem Schuppen. - Halblaut rufend durchsuchte ich die ganze Umgebung und entfernte mich dabei immer weiter in der Richtung der deutschen Stellung. Bald hatte mich die Dunkelheit verschlungen, und als ich die polnischen Minenfelder hinter mir hatte, stürmte ich in langen Sätzen weiter. Doch so einfach sollte mir die Flucht nicht werden.

Plötzlich setzte das polnische Artilleriefeuer wieder ein, und ich kroch auf allen vieren auf einen Trichter zu, während die Granaten immer näher krachten. Kaum war ich in dem Loch gelandet, als auch schon so ein Ding heranheulte und mit ohrenzerreißendem Krach einschlug. Wie ein Maulwurf wühlte ich mich in den lockeren Boden und ließ minutenlang diese Hölle über mich ergehen. Dann schwieg das Feuer und ich stürmte weiter. Bald hatte ich ein leichtes deutsches Stacheldrahthindernis vor mir und wußte, daß gleich ein "Halt" ertönen mußte. Ich warf Gewehr, Helm und Koppel von mir und rannte mit den hocherhobenen Armen wild winkend weiter. Da klang mir auch schon das "Halt" entgegen und ich brüllte mit japsender Stimme: "Ich bin ein Deutscher." Meine Freude endlich frei zu sein war grenzenlos.

Während meine deutschen Kameraden Unmengen von Eßwaren herbeischleppten und sich über meinen Wolfshunger freuten, wurden meine Augen immer größer. Diese deutschen Soldaten, von denen man uns früher erzählt hatte, daß sie Vögel fingen und brieten, weil sie nichts zu essen hätten, bekamen eine Verpflegung, wie wir sie im polnischen Heer nicht im entferntesten genossen hatten.

Der Kameradschaftsgeist und das Verhältnis zwischen Offizieren und Mannschaften war so grundverschieden von dem bei den Polen und von so herzlicher Art, daß meine Bewunderung keine Grenzen kannte.

Nun wurde meine Rückkehr in die Heimat vorbereitet. - Die nötigen Zivilsachen waren bald organisiert und nach herzlichem Abschied ging es in Richtung Posen ab. Und nun warten wir hier in unserem neuen Reichsgau Wartheland darauf, den grauen Rock der deutschen Wehrmacht anziehen zu können, um unser Großdeutsches Reich und unsere Freiheit zu schützen.

Im Hexenkessel des ukrainischen Aufstandes

Leutnant Hans Mauve, Posen

Nach meiner aktiven Dienstzeit in der Kavallerieschule in Graudenz ernannte man mich zum Leutnant bei den Ulanen. Im Mai 1939 wurde ich ausgerechnet nach Tarnowitz O/S versetzt und im Juli 1939 zu einer vierwöchigen Übung einberufen. Das Regiment stand während des größten Teiles der Übungszeit direkt an einer neu entstehenden Bunkerlinie, an der Tag und Nacht fieberhaft gearbeitet wurde. Da ich merkte, daß man mich für einen Polen hielt, teilte ich meinem Schwadronschef mit, daß ich Deutscher sei, und bat ihn, dies auch zur Kenntnis des Regimentskommandeurs und der anderen Offiziere zu bringen. Schließlich kam die ganze Angelegenheit vor den stellvertretenden Regimentskommandeur, da der Chef verreist war. Bei diesem, einem Major J., traf diese Meldung überraschenderweise auf großes Verständnis, und er versicherte mir, daß er mir diese Meldung in einer für mich so unangenehmen Lage hoch anrechne. Doch teilte er mir mit, daß gleichzeitig mit dieser meiner Meldung eine Anzeige wegen Spionageverdacht gegen mich eingelaufen sei, da ich von Spitzeln beobachtet worden wäre. Im Laufe der Unterredung bat ich auch, mich im Falle eines Krieges gegen Deutschland aus verständlichen Gründen nach Möglichkeit nicht an der Front zu verwenden. Zum Schluß teilte Major J. mir mit, daß er auf eigene Verantwortung die Spionageakten zurückhalten werde und bat mich, doch recht vorsichtig in meinen Äußerungen zu sein. Ich war heilfroh, daß diese Angelegenheit, die bei der damaligen Lage mehr als unangenehm für mich hätte werden können, auf diese Weise erledigt war. Wie ich später feststellte, hat sich der Major auch beim Offizierskorps für mich eingesetzt, so daß ich von dieser Seite auch während des Krieges keine Unannehmlichkeiten hatte. Weniger entzückt über die ganze Angelegenheit war mein Regimentskommandeur, ein Oberst Ch., der mich noch hinterher unter einem nichtigen Vorwande mit 7 Tagen verschärften Arrests bestrafte, den ich auch zum Schluß der Übung absitzen mußte.

Am 24. August um 5 Uhr früh wurde mir die Mobilisationsorder überbracht,*** und zum Erstaunen aller Offiziere meldete ich mich kurze Zeit später in Tarnowitz im Regiment. Besonders wirkte dabei, daß ich als erster erschienen war. Mir wurde gleich gesagt, daß ich ins Innere des Landes abkommandiert werden würde. Der Abtransport der Reserve erfolgte am 26. oder 27. August. Er wurde vollkommen kopflos durchgeführt und hatte bereits einen panikartigen Charakter. So wurde teilweise wertvolles Gut zurückgelassen, während andererseits leere Fässer, leere Koffer und Kisten u. ä. Zeug zur Verladung gebracht wurde. Ich konnte das ganz genau beobachten, da ich selbst zu den drei verladenden Offizieren gehörte. Kurz vor Abfahrt ging ich noch einmal in die Stadt, um mir einige Kleinigkeiten zu besorgen. Die Stimmung, die in der Stadt herrschte, war höchst eigenartig.

Auf großen Umwegen, und zwar über Tschenstochau, Kielce, Skarzysko gelangten wir nach unserem Bestimmungsort Dębica, der auf der D-Zug-Strecke Krakau-Lemberg gelegen ist. Zu unserem Ärger mußten wir später feststellen, daß es ein Eisenbahnknotenpunkt war, und daher besonders liebevoll von den deutschen Fliegern behandelt wurde. Wir mußten einige Kilometer von Dębica in den umliegenden Gütern und Dörfern Quartiere beziehen. Ich selbst lag mit 10-15 Offizieren in dem Landschloß des Grafen Raczynski, des polnischen Botschafters in London. Ich nahm nun an, daß die 350-400 Mann, die noch nicht uniformiert und bewaffnet waren, im Eiltempo in einen kampffähigen Zustand gebracht werden würden. Darin hatte ich mich aber getäuscht. Man schaffte nur die Bewaffnung und Uniformierung von 80 Mann innerhalb von 8 Tagen, immerhin ein erstaunliches Ergebnis!! Unteroffiziere und Offiziere waren reichlich vorhanden. Ich selbst habe, wie alle anderen, so gut wie nichts getan. Wir gingen spazieren, unterhielten uns mit den Damen, badeten in dem wunderschönen Bassin im Park und abends tranken wir Schnaps. Zwei Rittmeister, die mit uns waren, stritten sich darum, wer der Ältere wäre und somit unser Befehlshaber. Da sie sich nicht einig werden konnten über diesen Punkt, waren sie abwechselnd beleidigt und taten so gut wie nichts.

Den Ausbruch des Krieges erlebte ich auch dort. Schon am ersten Tage wurden wir von ungefähr 25 Fliegern überflogen und hatten die ersten Verwundeten. Zu unserer Aufgabe gehörte auch die Bewachung einer in der Nähe gelegenen großen Pulverfabrik, die von 30 Mann, die nur mit Karabinern bewaffnet waren, gegen Fliegerangriffe geschützt werden sollte. Weder Flak noch MG.s waren vorhanden. Dabei ereignete es sich, daß nach einem deutschen Fliegerangriff ein harmloser polnischer Flieger über die Fabrik flog, um nachzusehen, was von der Fabrik noch übrig sei. Diesen holten die Polen mit tödlicher Sicherheit herunter. Am Abend wurde dann dieses Ereignis gebührend erörtert und begossen, denn man war stolz auf die Schießkunst der Ulanen!! Später habe ich es sehr oft erlebt, daß eigene Flugzeuge beschossen wurden, obgleich sie immer sehr niedrig flogen und daher leicht zu erkennen waren. Aber die Panik tat das ihre.

Während der ganzen Zeit war die durch das Gut führende Straße mit Flüchtlingen, die in Richtung Lemberg strebten, vollgestopft. Vor allem waren es Autos aus Oberschlesien, Sosnowitz und Krakau. Alle Autos waren überbesetzt. In vielen saßen oder lagen auch Personen auf den vorderen Kotflügeln. Die meisten fuhren in der Panik viel zu schnell, so daß dauernd Zusammenstöße vorkamen, wozu auch die fürchterlichen Staubwolken beitrugen.

Am 5. September, früh um 5 Uhr, wurden alle geweckt. Es hieß, daß sich die deutschen Truppen näherten. Mir wurde die ehrenvolle Aufgabe zugeteilt, die noch nicht bewaffneten Leute, 250-300 Mann, die Frauen und Kinder der Offiziere und Unteroffiziere, die Regimentskasse und die Fahne in östlicher Richtung in Sicherheit zu bringen. Das Endziel des Marsches wurde mir nicht angegeben. Nur 5 Leute von uns waren bewaffnet und uniformiert. Später fanden wir während des Marsches noch 4 Karabiner auf der Straße und hatten somit 9 Bewaffnete - und nicht zu vergessen - meine persönliche Pistole. Dieser seltsame Zug mußte am Tage ausrücken und wurde der Fliegergefahr wegen in einzelne Kolonnen geteilt, die sich in einer Länge von 8 km hinzogen. Ich kannte weder den genauen Stand der Mannschaften noch der Gefährte. Bis auf die oben erwähnten 4 "schwer" Bewaffneten und einige Fähnriche, waren alle Mannschaften in Zivil. Als einziges soldatisches Kennzeichen trugen sie eine Armbinde. Wie viele im Laufe des Marsches ausgerissen oder anderweitig abhanden gekommen sind, weiß ich nicht. Allzuviel können es aber nicht gewesen sein, da ich bis zum Schluß eine ganz stattliche Anzahl beisammen hatte. Außer den Wagenpferden hatte ich noch 250 sogenannte Reitpferde, vom kleinsten Panjepferd bis zu großen Ackergäulen. Allerhöchstens 20 waren als Kavalleriepferde brauchbar, die meisten waren unbeschreiblich magere Klepper. Dazu hatte ich nur 50 Sättel, aber nicht alle hatten Sattelgurte. Mäntel und Decken hatte nur einzelne von der Mannschaft. An den Füßen trugen sie Halbschuhe. Wie die Füße und Gesäße der Leute schon nach zweitägigem Marsch aussahen, braucht wohl nicht erst beschrieben zu werden. Dabei hatten wir keine Arzneimittel. Auch Sanitäter waren nicht vorhanden, nur so eine Art Pferdedoktor! Nach einigen Tagen Marsch gelang es mir, ein Pfadfindermagazin zu plündern, so daß wenigstens alle warme Wäsche bekamen. Uniformen, Mäntel, Decken, Stiefel, Mützen und Koppel fehlten bei 90 v. H. aller Leute. Ganz zu schweigen von Stahlhelmen oder gar Waffen. Anstatt Mützen oder Stahlhelmen trugen die meisten große Schlapphüte, die sie den Bauern abnahmen. Wenn wir durch die Dörfer marschierten, brach meistens eine Panik aus, denn das Aussehen meiner Leute war abenteuerlich und heruntergekommen, besonders das der "Berittenen", die in allen nur erdenklichen Positionen zu Pferde saßen. Die meisten hatten nur irgendwelche Lumpenbündel mit Schnur auf den Pferden festgemacht. Ebenso bestand das Zaumzeug aus Schnüren und Stricken. Die Verpflegung war außerordentlich schlecht, d. h. wir erhielten fast gar keine. Ich kaufte einfach in den Dörfern Schweine und Kälber. Besonders unangenehm war der Brot- und Wassermangel. Da bereits vor uns viele Tausende, Truppen und Zivilpersonen, die Straßen langgezogen waren, war das Wasser in den Brunnen ausgetrunken, so daß sich über Nacht nur kleine, trübe Pfützen sammelten. Bei dieser Art der Verpflegung hatten wir natürlich bald die ersten Verluste durch Ruhr. Im großen und ganzen war aber der Gesundheitszustand bis zuletzt ein auffallend guter. Ich marschierte fast ausnahmslos nachts, da die Fliegergefahr am Tage zu groß war. Quartier nahm ich nach Möglichkeit nicht an der Hauptstraße, sondern in mehr abseits gelegene Dörfern. Diese Vorsichtsmaßnahmen waren durchaus nötig. Alle anderen Abteilungen, die am Tage marschierten, aus Angst, nicht weit genug ausreißen zu können, hatten große Verluste. Ich zog von Dębica über Ropczyce, Sieniawa, Lubaczów, Niemirów, Żółkiew, Buk bis Brody. Während dieser ganzen Zeit erfolgten ständig Fliegerangriffe. Das Gefühl, das ich dabei als Deutscher hatte, war naturgemäß recht sonderbar. Einerseits zitterte ich bei dem Gedanken, daß einer der deutschen Flieger abgeschossen werden könnte, andererseits verspürte ich keine Lust, von deutschen Bomben erschlagen zu werden. Ich ließ auch, wenn ich nicht zu Pferde saß, mein Reitpferd neben meinen Wagen führen, um jeden evtl. abgeschossenen deutschen Flieger sofort zur Hilfe eilen zu können. Ich hätte als Offizier immerhin Greueltaten verhindern können. Glücklicherweise bot sich keine Gelegenheit, da in meiner Gegenwart keine deutschen Flieger abgeschossen wurden.

Auf dem Marsch selbst hatten wir keine Nachrichten über die allgemeine Lage. Die Gerüchte, die über den Verlauf des Krieges kreisten, waren geradezu phantastisch. Uns wurde allen Ernstes erzählt, daß die Siegfriedlinie von den Franzosen am ersten Kriegstage an 12 Punkten durchbrochen wäre! Ostpreußen sei von polnischen Truppen besetzt! Die deutschen Flieger würfen nicht nur vergiftete Süßigkeiten, vergaste Zigaretten und gasgefüllte Kinderballons ab, sondern auch Hunderte von Spionen. Die letzteren wurden auch eifrig von uns gesucht, und es wurden mir täglich einige unschuldige Flüchtlinge vorgeführt, die in der Hast der Flucht ihre Papiere vergessen oder verloren hatten, sich aber immer als vollkommen harmlos herausstellten. Die Angst und die Panik, die die deutschen Flugzeuge hervorriefen, waren so groß, daß in vielen Dörfern niemand zu bewegen war, Mittag zu kochen. Die Radios waren ausnahmslos vernichtet, und zwar, wie ich feststellen konnte, in den meisten Fällen nicht durch die Polizei, sondern durch die Besitzer selbst, die Angst hatten, und zwar vor den Fliegern!! Erwähnenswert ist noch, daß, wie mir in mehreren Fällen von polnischen Augenzeugen berichtet wurde, die deutschen Flieger vor dem Bombardement mit Zivilpersonen überfüllter Bahnhöfe diese erst überflogen hätten, wobei sie winkten, um die Leute zum Verlassen des Bahnhofes zu bewegen.

Eines Tages hatte ich einen aktiven Vizewachtmeister nach Proviant geschickt. Er sollte nachts wieder zu mir stoßen. Er kam schließlich auch an und erzählte mir aufgeregt, daß er nachts als allein fahrendes Gefährt von einem deutschen Flieger angegriffen und mit MG. beschossen worden wäre. Er sei ausgerissen, aber der böse Flieger hätte ihn, einen einzelnen Menschen, verfolgt, und das alles nachts! Ich konnte nicht umhin, ihn spöttisch zu seiner glücklichen Errettung zu gratulieren. Trotzdem gab ich dann Befehl, nachts zu festgesetzten Stunden abzumarschieren. Der Phantast war sehr besorgt um unser Schicksal, trotzdem es stockdunkel war. Ein andermal kam während eines nächtlichen Marsches der ortskundige Führer unserer Abteilung und beschwor mich, nicht weiterzumarschieren, da wir von einem Ballon beobachtet würden, der sicherlich bald Flugzeuge herbeirufen würde und dann wäre es aus mit uns. Es war eine sternklare Nacht, und ich konnte beim besten Willen keinen tückischen Ballon entdecken. Er zeigte vielsagend auf einen großen Planeten! Ich versuchte ihm zu erklären, daß das ein Stern wäre, aber er wollte es nicht glauben und fügte sich meinem Befehl, weiterzumarschieren, nur sehr ungern. Gegen Morgen kam er nochmal zu mir und sagte, er hätte doch recht gehabt, denn der "Ballon" hätte vor einigen Stunden ganz woanders gestanden als jetzt. Er sei also beweglich, daher besonders gefährlich. Da ich trotzdem weitermarschierte, hielt er mich für närrisch.

Ich möchte nicht unerwähnt lassen, daß ich während des ganzen Marsches überhaupt keine Karte hatte(!!). Ja, nicht einmal der Kommandeur unserer Reservebrigade hatte Generalstabskarten, sondern nur eine einzige Übersichtskarte, die er aus begreiflichen Gründen ängstlich hütete. Der Kartenmangel war allgemein festzustellen. Daß dadurch unser Marschtempo nicht gerade beschleunigt wurde und auch sonst noch allerhand sonderbare Situationen entstanden, liegt auf der Hand. So traf ich eines Nachts in einem Städtchen ein, das am Vortage heftig bombardiert worden war. Die Einwohner waren alle geflohen, der Bahnhof brannte, Tote lagen herum usw. Schließlich traf ich einen Offizier, den ich um eine Karte bat, um mich zu orientieren, da ich nicht weiter wußte. Er erwiderte mir, daß er mich gerade um dasselbe bitten wollte, da er auch keine Karte hätte. Er wußte nicht einmal, wie das Städtchen hieß, in dem er sich befand. Es stellte sich heraus, daß er aus Lemberg mit einigen Flakgeschützen hergekommen war, um die Stadt, in der wir uns befanden, gegen Fliegerangriffe zu schützen! Ich ließ ihn stehen, und nach stundenlangem Suchen fand ich einen verängstigten Burschen in einer Wurstbude (in der leider keine Würste waren), den ich zwang, mich aus der Stadt auf den richtigen Weg zu führen!

Auf den nächtlichen Märschen kamen wir oft durch brennende Dörfer und Städte. Alle Straßen waren buchstäblich verstopft. Besonders in den Städten war es so, daß wir nachts öfters einen Aufenthalt von 4-5 Stunden hatten. Es war immer sehr ungemütlich, wenn es schon gegen Morgen war, da man ja bei den Fliegerangriffen kaum mit heiler Haut davongekommen wäre. Ich habe es auch oft erlebt, daß an die Front marschierende Abteilungen oder Munitionskolonnen mehrere Stunden lang nicht vorwärts konnten, da die Straßen kilometerweit mit flüchtenden Truppen und Zivilbevölkerung vollgestopft waren.

In Sieniawa setzten wir über den San. Ich war beim Morgengrauen am San angekommen und beschloß, doch diesseits des San in einem Dorf Quartier zu beziehen, da die Fliegergefahr während des Übersetzens, das mittels einer Fähre erfolgte, zu groß war. Am

Vormittage erschien Major P. von unserer Brigade und forderte mich auf, den San entweder in einer Furt oder mittels einer Fähre zu überschreiten. Ich versicherte ihm, daß ich gleich nach seinen Truppen versuchen würde, das zu tun. Wie irrsinnig der Befehl war, hat er wohl beim Übersetzen gemerkt. Ich jedenfalls zog es vor, nachts den San auf der Fähre zu überqueren.

In Sieniawa trennte ich mich von den Offiziers- und Unteroffiziersfrauen und Kindern. Ich war sehr froh darüber, da die Unteroffiziere sich nur um ihre Familien kümmerten. Außerdem trugen die Frauen nicht gerade zur Festigung der Disziplin bei, da sie bei Fliegerangriffe ein wahnsinniges Geschrei erhoben und alles durcheinander brachten.

In Brody sollten wir endgültig uniformiert und bewaffnet werden. Überhaupt fand dort eine große Truppenkonzentration statt. Die Fliegerangriffe waren daher ganz besonders heftig. Als ich in die Nähe von Brody kam, erfuhr ich, daß die Stadt am Tage vorher stark bombardiert worden war. Ich hatte deshalb schon einige Kilometer vor Brody haltgemacht, da mit weiteren Angriffen zu rechnen war. Ich selbst mußte zum Brigadestab in die Stadt. Es hieß, daß vor kurzem englische Flugzeuge in der Nähe von Brody eingetroffen seien und daß jetzt endlich die deutschen Angriffe aufhören würden. Ich hielt nicht viel davon. Immerhin war ich erstaunt, auf dem Wege nach Brody, wohin ich mich auf einer Britschke mit meinem Burschen begab, von weitem einige Flugzeuge zu sehen. Ich stieg ab, um mir die sagenhaften Engländer anzusehen und fand - 8 polnische Flugzeuge, meist Bomber vom Typ "Łoś", die am Vortage von deutschen Fliegern auf dem Boden zerstört oder in der Luft beim Versuch zu fliegen, abgeschossen worden waren. Das waren also die englischen Flugzeuge.

Als ich in Brody ankam, stellte ich zunächst fest, daß durch das Bombardement am Vortage die Stadt sehr stark gelitten hatte, aber die Kasernen und der Bahnhof waren fast unbeschädigt. Es war mir klar, daß mit erneuten heftigen Fliegerangriffen zu rechnen sei. Daher fuhr ich so schnell wie möglich zum Brigadestab, um mich zu melden, Befehle entgegenzunehmen und dann schleunigst aus der Stadt zu verschwinden. Im Stab waren alle sehr aufgeregt. Ich erhielt nach meiner Meldung den Befehl, zu meinen Leuten zurückzukehren und weitere Befehle abzuwarten. Voraussichtlich würde ich in der Ortschaft Berlin Quartier beziehen. Also wurde doch der Traum meiner Unteroffiziere, die meist fanatische Deutschenhasser waren, in Berlin einzurücken, in Erfüllung gehen. Allerdings lag dieses Berlin ganz woanders. Schnell bestieg ich meinen Wagen, um Brody zu verlassen. Ich hatte noch nicht den Marktplatz passiert, als deutsche Flieger über der Stadt erschienen. Es gehörte nicht viel dazu, um zu erkennen, daß die Flucht die sicherste Rettung war. Daher befahl ich dem Burschen Galopp, und so sausten wir durch die Straßen, zum Entsetzen der Einwohner. Es gelang uns auch, die Stadt mit heiler Haut zu verlassen, und wir zottelten gemütlich in Richtung unserer Quartiere. Als wir in die Nähe der am Vortage abgeschossenen Flugzeuge kamen, die neben einem Wäldchen lagen, rasten plötzlich ganz niedrig über uns fünf deutsche Jagdflugzeuge. Wir retteten uns von der Chaussee in den Wald, wobei wir 30 Schritt zurücklegen mußten, was wir im Galopp taten, als schon ein mörderisches MG.-Feuer losging. Die Flugzeuge stießen wie Falken auf gewisse Punkte im Walde, und die Polen antworteten von unten. Der Angriff dauerte 15 Minuten und war fürchterlich. Mehrere MG.-Nester waren vernichtet. Außerdem brannten versteckte Flugzeuge, Benzinvorräte und der Wald an mehreren Stellen. Ich war mit meinem Burschen, nachdem wir den ersten Schrecken überwunden hatten, in ein Loch gekrochen, wo wir einen angstschlotternden polnischen Fliegerleutnant trafen. Trotz des Ernstes der Lage mußte ich über den Kerl lachen. Ich bat ihn um Streichhölzer. Aber er sagte, er wäre zu aufgeregt, sie zu suchen. Ungefähr 20 Schritt von uns stand ein LMG., das ununterbrochen schoß. Der Fliegerleutnant verfluchte es und schrie, sie sollten aufhören zu schießen, sonst würden sie uns die Flieger nochmals auf den Hals hetzen. Nach dem Angriff war ich froh, daß ich mit meinem Burschen nicht nur gesund war, sondern feststellen konnte, daß auch die deutschen Flieger alle fünf nach getaner Arbeit abgebraust waren. Wir bestiegen schnell unseren Wagen und fuhren weiter in Richtung der Quartiere, wobei mir noch mein Bursche sagte, daß er, selbst wenn ich ihm den Befehl geben würde langsam zu fahren, um die Pferde zu schonen, diesen nicht ausführen könnte, da man nicht wissen könne, ob diese Teufel nicht wiederkommen würden. Ich gab ihm recht.

Am Nachmittag stießen zu meiner Schwadron 2 Offiziere, darunter ein aktiver Leutnant, dem ich schleunigst das Kommando abgab, worüber ich mich sehr freute. Ich hoffte nunmehr, bei günstiger Gelegenheit leichter fliehen zu können, wobei ich besonders auf die Hilfe der deutschen Kolonisten rechnete. Ich hoffte vor allem, die bei Podhajce gelegene Kolonie Beckersdorf zu erreichen. Leider kam ich nicht bis dahin infolge der ukrainischen Aufstände.

In der Nacht vom 16. zum 17. bekamen wir plötzlich Befehl, nach Süden zu marschieren, und zwar in Richtung Złoczów, Brzeżany, Podhajce, Tłumacz. Nachts erreichte uns die Nachricht von dem Einmarsch der Russen, wobei es allgemein hieß, daß sie den Polen zu Hilfe kommen, und die polnischen Offiziere und Unteroffiziere waren hoch erfreut über die Tatsache. Ich selbst konnte mir schon denken, wie diese "Freundschaft" aussehen würde. Inzwischen hatten die Ukrainer einen Aufstand gemacht und wüteten grauenhaft unter der polnischen Bevölkerung. Vor allem hatten sie es auf die Polizei und die polnischen Offiziere abgesehen. Ich hatte schon die ganze Zeit über mit solchen Aufständen gerechnet und war sehr vorsichtig in der Wahl der Quartiere, da man Gefahr lief, beim Schlafen abgeschlachtet zu werden. Die Ukrainer verfügten über viel Waffen, die sie vor allem den kleinen flüchtenden Gruppen abgenommen hatten. Am 18. 9. nachts stießen wir kurz vor Podhajce in der Ortschaft Potutory mit stärkeren ukrainischen aufständischen Verbänden zusammen. Der Kampf spielte sich nachts ab und dauerte mehrere Stunden. Unsere Lage war insofern besonders unangenehm, als uns die Ukrainer in eine Falle gelockt hatten und uns durch ihre Terrainkenntnisse und erheblich bessere Bewaffnung stark überlegen waren. Sie ließen uns an einer Stelle, wo die Chaussee hohlwegartig war, ganz nahe auf Maschinengewehre auflaufen und das Ergebnis waren große Verluste und eine heillose Panik. Besonders schlimm war es, daß die Ukrainer auch in die Gräben MG.s gestellt hatten und längs schossen. Sobald unsere ganze Abteilung, die aus unserer Kolonne und einigen Autos mit flüchtenden Offizieren bestand, die in schnellem Trab durchzubrechen versuchten, zum Stillstand gekommen war, sprangen wir eiligst in die Gräben. Darauf hatten die Ukrainer nur gewartet. Ein mörderisches MG.-Feuer längs der Gräben setzte ein und hatte eine furchtbare Wirkung. In meinem Graben war ich, soweit ich sehen konnte, der einzige Überlebende, da ich mich nicht auf die Sohle des Grabens, sondern an die Außenwand des Grabens gepreßt hatte. Die ganzen Geschoßgarben jagten haarscharf an meinen Beinen vorbei. Schließlich gelang es mir, herauszukommen. Wir verloren bei diesem Gefecht unsere gesamte Bagage bis auf 2 oder 3 Wagen. Die Verluste an Mannschaften und Pferden waren gleichfalls sehr hoch. Von uns 3 Offizieren war einer gefallen. Ich selbst wurde durch eine Pistolenkugel an der Schulter verwundet, als ich auf einem Erkundungsgang mit zwei ukrainischen Aufständischen zusammenprallte und wir uns auf 5 Schritt gegenüberstanden und einander beschossen. Meine Walter P. P. K. war aber schließlich doch besser! Glücklicherweise war der Knochen unverletzt. Da es keine Sanitäter, geschweige denn Ärzte gab, wurde ich die ersten Male von Pferdesanitätern verbunden. Soweit die Schwerverletzten von uns zurückgeschafft werden konnte, wurden sie in ein Krankenhaus in Brzeżany gelegt. Die wenigsten von ihnen konnten gerettet werden, da weder Verbandszeug, noch chirurgische Instrumente vorhanden waren. Die meisten bekamen Spritzen, damit sie ruhig einschlafen konnten. Es wurde mir erzählt, daß die Operationen teilweise auch mit Taschenmessern ausgeführt wurden.

Große Verluste hatten wir auch dadurch, daß von den fliehenden Berittenen viele zu Fuß Flüchtende einfach totgeritten wurden. Ich selbst versuchte vergeblich, die Fliehenden, vor allem die Bewaffneten, aufzuhalten. Der Fahrer meines Wagens fiel, während ich ihm seinen durchschossenen Arm abbinden wollte. Mein Wagen, in dem ich meine Sachen hatte, verbrannte, da die Ukrainer mit Leuchtspurmunition schossen. Schließlich erhielt ich den Befehl, Ersatz aus Brzeżany herbeizuholen, was mir auch gelang. Glücklicherweise fand ich sehr bald meine Pferde, da mein treuer Bursche mich unter Einsatz seines Lebens suchte. Er und die Pferde waren wie durch ein Wunder unverletzt. Bei dem Ritt nach Brzeżany, der schauderhaft war, da man dauernd von Heckenschützen beschossen wurden, rettete ich einen General, der beinahe von den flüchtenden Abteilungen zu Tode getrampelt worden wäre. In der Vorstadt von Brzeżany hatten sich aufständische Ukrainer gesammelt, aber ich kam zusammen mit dem General und einem Adjutanten glücklich durch. Kurz vorher mußte ich beiden bedeuten, daß sie nunmehr ihre Pistolen ziehen müßten. Trotz des ganzen Kampfes waren sie noch nicht auf diese Idee gekommen. Sie dachten nur an Flucht, und waren völlig niedergeschlagen, daß diese nicht gelungen war. Der General war völlig kopflos und fragte mich mehrmals um Rat, was er nun beginnen solle. Ich sagte ihm, daß vor allem die Stadt gesichert werden müsse und daß ein Weitermarsch nur am Tage in

Frage käme; das leuchtete ihm nun ein. Es wurden daraufhin alle Offiziere, die irgendeine Abteilung zu kommandieren hatten, zu einem Kriegsrat zitiert, wobei die Sicherung der Stadt, Marschordnung für den kommenden Tag u. ä. besprochen wurde. Nachdem wir 2 Stunden lang beraten hatten, übernachtete ich auf einem Wagen, der mit Artilleriemunition beladen war, was nicht gerade ein weiches Lager abgab. Als am nächsten Tage die Marschordnung formiert wurde, stellte sich heraus, daß fast alle Offiziere und alle motorisierten Abteilungen geflohen waren! Die Empörung der Truppen war schließlich begreiflich. Trotz der großen Kriegsberatung marschierte jeder in der Richtung, die ihm die beste erschien. Ich selbst befand mich in einer ungefähr 1.500 Mann starken Kolonne, von denen ungefähr 1.000 Mann gut bewaffnet waren. Die Kolonne marschierte jedoch völlig kopflos, da die meisten Offiziere fort waren, und die anderen ihre Truppen nicht mehr in der Hand hatten. Besonders verängstigt war eine große Polizeiabteilung. Jedes Dorf wurde sinnlos beschossen. Die Panik war besonders bei den Polizisten so groß, daß sie z. B. während des Marsches sinnlos in die Luft schossen. Alle Vorhaltungen, daß sie uns dadurch nur die Ukrainer auf den Hals hetzen würden, waren ergebnislos. Wir erhielten, wenn wir durch Wälder marschierten, mehrmals Feuer. Das Durcheinander, das dabei entstand, war fürchterlich. Ich entdeckte auf einem Wagen neue Karabiner und wollte den Rest meiner Leute bewaffnen. Leider waren es englische, zu denen keine Munition vorhanden war, da die polnische nicht paßte!

Am Nachmittag, als wir gerade ein Dorf passierten, mußten wir feststellen, daß wir von den Russen umzingelt waren. Das Dorf lag im Tal, und die Russen hatten die Höhen rings herum besetzt. Der letzte Befehl, welchen wir von der Brigade erhalten hatten, besagte, daß wir im Falle des Zusammentreffens mit russischen Verbänden die Waffen kampflos niederzulegen hätten. Die Russen winkten uns zu, die Waffen niederzulegen, wozu wir auch in Anbetracht der aussichtslosen Lage sofort bereit waren. Wir entsandten auch Parlamentäre. Währenddessen fingen aber die ukrainischen Bewohner des Dorfes an, die Russen mit Maschinengewehren zu beschießen, um bei den Russen vorzutäuschen, daß wir schossen. Sie hofften, daß auf diese Weise die Russen uns alle umbringen würden. Diese nahmen auch in der Tat an, daß sie von uns beschossen würden und eröffneten ihrerseits heftiges MG.-Feuer, und beschossen das Dorf außerdem noch mit leichter Artillerie. Die Lage war alles andere als gemütlich, und wir hatten große Verluste. Schließlich drangen die Russen in das Dorf ein und entwaffneten uns. Die Mannschaften, Offiziere und Unteroffiziere wurden sofort voneinander getrennt. Die Entwaffnung ging völlig ruhig vor sich. Papiere und Geld hatte ich bei der Leibesvisitation gerettet. - Nach der Entwaffnung erklärte uns ein russischer Hauptmann, daß die rote Armee nicht für uns arbeiten würde, d. h. mit anderen Worten, daß eine Verpflegung seitens der Russen nicht in Frage käme. Wir wurden dann die ganze Nacht über querfeldein bis Rohatyn getrieben. Mir selbst ging es mit meiner Verwundung ausgesprochen schlecht. Die Mannschaften wurden hier freigelassen. Die erbitterten Leute verhielten sich nicht gerade freundschaftlich gegen die kleine Gruppe der Offiziere. Von mir jedoch verabschiedeten sich sogar einige meiner Leute, was immerhin recht anständig war. Auch die Fähnriche wollten sich nicht von Leutnant G. und mir trennen. Ich schickte sie jedoch weg, da ich nach allen Anzeichen befürchten mußte, daß die Offiziere interniert werden könnten. Schließlich wurden die Offiziere in eine ukrainische Schule gesperrt, in der sich dann rund 120 Offiziere und einige Unteroffiziere befanden. Meine russischen Sprachkenntnisse, die ich im Weltkrieg in Sibirien, wohin seinerzeit meine gesamte Familie verschleppt worden war, erworben hatte, halfen mir in vielen Situationen. Schließlich wurden 90% der Offiziere ausgesondert, und wie sich nachher herausstellte, wurden die Betreffenden als Geiseln nach Rußland verschleppt. Ich selbst befand mich auch unter den Geiseln und wurde nur durch die Gutmütigkeit eines Postens gerettet, der von sich aus zum Kommandeur ging und ihn bat, mich freizulassen in Anbetracht meiner Verwundung. Dieser ließ mich auch nach längerer Überlegung frei. Jedoch bedeutete er mir, daß ich die Stadt innerhalb drei Stunden verlassen müßte. Dies ließ ich mir nicht zweimal sagen und verschwand mit den Freigelassenen schleunigst in Rechtung auf Lemberg. Vorher ließ ich mich noch in einem Krankenhaus, in dem russische und polnische Verwundete lagen, verbinden. Da es kein Verbandszeug mehr gab, wurde ich mit einem Stück einer Unterhose bandagiert. Übrigens amtierten dort polnische Ärzte auf Befehl der Russen. Hier traf ich zum ersten Male einen Arzt. Da ich aber aus begreiflichen Gründen sehr in Eile war, hatte ich keine Zeit, viel über meine Wunde zu sprechen. Ein freigelassener Leutnant und ein Sanitäter hatten auf mich gewartet, und wir versuchten, zu dritt weiterzukommen. Wir kamen nicht weit, als wir wieder von einer anderen russischen Kolonne verhaftet wurden. Nach einstündigem Verhör ließen sie uns dann aber frei. Dafür wurden wir im nächsten Walde von einigen Ukrainern überfallen, die mir auch meinen Mantel von den Schultern rissen, aber immerhin kamen wir mit einem blauen Auge davon. Kurz vor der Stadt Przemyślany holten wir den erwähnten Haupttrupp ein, und konnten nun sicherer marschieren. Der Zustand unserer Füße war einfach fürchterlich. So schleppten wir uns bis zur Stadt Przemyślany. Besonders unangenehm war das Passieren der ukrainischen Dörfer, da wir befürchten mußten, erschlagen zu werden. Von einem Betreten der Häuser war keine Rede, da man Gefahr lief, ermordet drin zu bleiben.

In Przemyślany verschanzte ich mich mit ungefähr zehn anderen Flüchtlingen in einer polnischen Schule. Bei dieser Gelegenheit stellte ich fest, daß Schulbänke doch ein brauchbarer Gegenstand sind. Wir hielten uns dort 2 Tage und 3 Nächte auf. Ich konnte meine Offiziersuniform gegen eine Mannschaftsuniform eintauschen und außerdem die Füße in kaltem Wasser baden, und auch meine Wunde wurde von dem Sanitäter richtig verbunden, was sehr wichtig für den Weitermarsch war. Die Frage der Ernährung blieb weiterhin sehr schwer. Als ich sichere Nachricht hatte, daß die Russen Lemberg eingenommen hatten, entschlossen wir uns, weiterzumarschieren, da wir hofften, in einer großen Stadt leichter untertauchen zu können. Es gelang uns sogar, einen polnischen Bauern zu mieten, der uns im Wagen nach Lemberg brachte. Dort löste sich die Gruppe auf, und ich begab mich zu dem leider inzwischen verstorbenen Verbandsanwalt Rudolf Bolek, dem Leiter des deutschen Genossenschaftswesens in Galizien. Von ihm und seiner Familie wurde ich auf das freundlichste und beste aufgenommen. Meine Wunde heilte rasch, da ich in ärztlicher Behandlung war und mich endlich sattessen und ausschlafen konnte. Die Uniform zog ich bald aus und legte einen mir von Kamerad Bolek freundlicherweise zur Verfügung gestellten Anzug an.

In Lemberg, wo ein wüstes Durcheinander herrschte, wo mich umherirrende Grazynski-Beamte aus Oberschlesien plötzlich aus durchsichtigen Gründen wie einen alten Freund begrüßen wollten, hielt ich es nicht lange aus. Der brave Rudolf Bolek, der nach wochenlanger polnischer Gefängnishaft stark zermürbt war und sich trotzdem unermüdlich um alle Deutschen kümmerte, half mir, meine Flucht über die russisch-deutsche Demarkationslinie vorzubereiten. Zum Glück traf ich einige deutsche Kolonisten, die mich in ihre Kolonie mitnahmen und abends an das Flüßchen Sołokija brachten, das dort die Demarkationslinie bildete. Vorsichtig watete ich durch das Wasser und wanderte dann naß und frierend nach Westen, bis ich auf deutsche Soldaten stieß...

Wie froh war ich, als ich in Kattowitz meine Frau und Kinder gesund antraf, nach zweimonatiger Abwesenheit. Nun gehört unsere Liebe und unser Leben dem Führer, unserem Befreier, und dem Großdeutschen Reich. Es ist wieder eine Lust, zu leben und zu arbeiten.

* * *

[***Anmerkung des Verlags: *"Am 24. August um 5 Uhr früh wurde mir die Mobilisationsorder überbracht..."* Wie auch die Aussage von Uffz. Georg Karl Ludwig (Kapitel 3) zeigt dies, daß Deutschland Polen nicht am 1. September 1939 "angriff", wie es heute immer und immer wieder behauptet wird.** Eine Mobilisation der Streitkräfte eines Landes ist eine *de-facto*-Kriegserklärung. Wenn Polen bereits am 24. August mobilisierte (und in Kapitel 3 wird dies sogar bereits auf den 20. 8. datiert), dann war es **Polen**, das damit die erste Kriegshandlung beging. Dies geht auch aus dem Ausspruch hervor, den Adolf Hitler **8 bzw. 12 Tage später**, am 1. September, machte: "Seit 5.45 Uhr wird jetzt **zurück**geschossen!"]

12

Flucht aus dem
Internierungslager in Litauen

Leutnant Harry Fiedler, Hirschdorf

Die Sauordnung in Wilna war zum Kotzen. Schon beim Anblick vieler Reservisten konnte einem schlecht werden. Abgehärmt,
in schäbiger Kleidung, meist barfuß, trafen sie ein. Niemals werde
ich das Aussehen eines Reservisten vergessen, der, ein Stück Brot
im Bündel tragend, nur mit Hemd und Hose bekleidet, barfuß
in Gummischuhen angelatscht kam. Und dann das Organisieren!
Kompanien wurden aufgestellt und sofort wieder umformiert. Oder
wenn jemand vormittags zu einer Kompanie gehörte, war er mittags
einer anderen und nachmittags schon wieder einer dritten zugeteilt,
um schließlich abends in der Küche als Kochgehilfe zu landen. Ich
selber wechselte täglich 3-4mal meine Funktion. Ein Befehl jagte den
andern, und sie widersprachen sich meist in der sinnlosesten Weise.
Die Kompanie, der ich zuletzt angehörte und in der ich überhaupt
keine Funktion hatte, bestand aus - sage und schreibe - 16 Reserveoffizieren, ebensoviel Unteroffizieren und 30 Mann. Und diese Reservisten sollten wir nun kriegstüchtig machen und an Zucht und

Ordnung gewöhnen. Trotz aller Mühe war es aber zunächst nicht möglich, Karabiner aufzutreiben.

Schließlich gelang es aber nach tagelanger Mühe, eine kriegsstarke Kompanie auf die Beine zu stellen. Sie hatte zwar nur uralte französische Karabiner (System Lebel) und verstand nicht, mit ihnen umzugehen, aber sie war doch wenigstens schon bewaffnet. An einem Morgen marschierte sie ab, stark gelichtet, denn viele hatten sich vorher verdrückt und erschienen später wieder mit den harmlosesten Mienen auf der Bildfläche. Bestraft wurden sie nicht.

Die deutschen Bomber hatten inzwischen auch reichlich dafür gesorgt, die Stimmung zu drücken. Als nun erst die Nachricht kam, "die Russen haben die polnische Grenze überschritten", bemächtigte sich der Stadt eine unbeschreibliche Panik. Nur kurze Zeit gelang es dem Wilnaer Sender, durch plumpe Schwindelmeldungen (amerikanisches Ultimatum an Stalin, ganze Serien von Kriegserklärungen an Deutschland usw.) die Stimmung aufzupeitschen. Megaphone spielten heitere Lieder, u. a.: *"Marszałek Śmigły Rydz, to nasz dzielny wódz",* (M. S. R., das ist unser tüchtiger Führer). In einem Mannschaftsraum faßten sich die Soldaten um die Taille und tanzten.

Es sollte ihnen aber bald das Tanzen vergehen. Es war gegen 7 Uhr abends. Ich hatte mich schon zur Ruhe begeben, da ich 36 Stunden anstrengenden Dienst hinter mir hatte, als plötzlich ein Kollege hereinstürzte und meldete, daß die Russen schon in der Stadt seien. Ich sprang schnell auf und schaute durch das Fenster in die Stadt. Richtig, Wilna, das bis dahin abends immer im Dunkeln lag, sah plötzlich wie illuminiert aus. Es brannten alle Laternen. Schnell begab ich mich auf den Kasernenhof. Hier erfuhr ich "zufällig", daß schon Alarm verkündet war. Es herrschte ein wüstes Durcheinander. Zudem war es auf dem Kasernenhof vollkommen dunkel. Bald war mir klar, daß man sich zur Flucht rüstete. Ich überlegte kurz, ob ich ausrücken oder bleiben sollte. Ich hielt es nicht für ratsam, den Russen in die Hände zu geraten, da ich nicht sicher war, ob man überhaupt nachprüfen würde, wer Deutscher und wer Pole war. Ich beschloß daher, nicht zu bleiben, zumal ich die Gelegenheit witterte, mich auf der Flucht von meinem Truppenteil ganz loszulösen zu können. Schnell packte ich die notwendigsten Sachen in meine Mappe und hatte noch soviel Zeit, festzustellen, wie die zurückbleibenden Soldaten über die hinterlassenen Habseligkeiten ihrer Kameraden herfielen. Kein Mensch kümmerte sich darum, ob sich alle an der Flucht beteiligten oder ob jemand zurückblieb. Jeder tat nach seinem Ermessen. Als ich wieder den Kasernenhof betrat, sah ich ein Auto vor dem Kommando stehen. Ihm entstiegen in der Dunkelheit einige Gestalten. Es war, wie ich bald erfuhr, eine russische Abordnung, die die sofortige Räumung der Kaserne verlangte. Jetzt begann die Sache brenzlig zu werden, und ich eilte, mich den Soldatenmassen anzuschließen, die aus dem hinteren Kasernentore hinausfluteten. Wohin es gehen sollte, wußte ich zunächst nicht. Doch erfuhr ich bald, daß man nach Litauen fliehen wollte. Wir waren bald auf der Straße angelangt, die fast in gerader Linie von Wilna bis an die litauische Grenze führt, und es begann nun eine Massenflucht, gegenüber der alle meine Vorstellungen von einem militärischen Rückzuge verblaßten. Die ganze Straßenbreite ausfüllend, wälzten sich die Soldatenhaufen in wilder Hast vorwärts. Dazwischen unzählige Baggagewagen und Autos, die sich keinen Weg durch die Menschenmassen bahnen konnten und daher nur im Schneckentempo vorwärts kamen. Die höheren Offiziere fuhren in ihren eigenen oder auch in beschlagnahmten Kraftwagen. Ihre großen Koffer bewiesen, daß sie mit einer Flucht schon beizeiten gerechnet und sich mit allem versehen hatten. Um die Mannschaften kümmerten sie sich überhaupt nicht. Den fliehenden Militärmassen schlossen sich die unzähligen Flüchtlinge an, die in großen Scharen die Stadt Wilna verließen. Polizei, Staatsbeamte, Zivilpersonen, alles stürmte in wilder Flucht der Grenze zu. Die stockfinstere Nacht und der einsetzende Regen erschwerten diese Flucht. Bis zur Grenze waren es immerhin 50 Kilometer, und es dauerte auch nicht lange, bis die ersten Erschöpften im Graben liegenblieben.

Endlich begann der Tag zu dämmern, und man konnte sich die Menschenhaufen genauer ansehen. Sie boten einen bejammernswerten Anblick. Militär, Polizei und Zivilpersonen waren bunt durcheinandergemischt. Da es bekannt war, daß Militärpersonen und Polizeiangehörige leichter über die Grenze gelassen wurden, hatten sich viele Zivilisten militärisch ausstaffiert, um als Soldaten angesehen zu werden. So hatten sich fast alle Richter und Staatsanwälte aus Wilna Polizeiuniformen angezogen und markierten flüchtende Polizisten. Endlich war die Grenze erreicht. Ich drängte mich sofort nach vorne, um zu sehen, inwieweit Aussichten für ein Hinüberwechseln bestanden, zumal sich unter den Flüchtlingen das Gerücht verbreitet hatte, Litauen wolle keine Polen aufnehmen. Bald sah ich an der Grenze die ersten litauischen Soldaten. Einige höhere litauische Offiziere verhandelten lebhaft mit polnischen Militärs. Ich erfuhr auch bald worum es ging. Die Polen wollten sich zwar über die rettend litauische Grenze flüchten, aber sie wollten den Litauern nicht ihre Waffen ausliefern, soweit sie sie noch besaßen. Wer seine Waffen ablieferte, durfte die Grenze überschreiten. Während noch an der Grenze verhandelt wurde, tauchte plötzlich das Gerücht auf: "Die Russen haben Wilna wieder verlassen und alles soll zurückkehren." Also noch hier, dicht vor der Grenze, wurden die Menschen noch einmal tüchtig angelogen. Wahrscheinlich wollte irgendein Patriot die völlig erschöpften Soldaten in einen Kampf gegen die Russen locken. Es stellten sich tatsächlich einige eifrige polnische Offiziere an der Grenze auf, die keine Militärpersonen hinüberlassen wollten. Jetzt wurde mir die Sache bedenklich.

Ich tat so, als ob ich einige polnische Soldaten, die sich schon in der neutralen Zone befanden, zurückholen wollte, wechselte über - und kam nicht mehr zurück. Der Krieg war für mich zu Ende.

* * *

Ich wurde zusammen mit vielen anderen Offizieren, die aus anderen Richtungen kommend, schon vor mir die Grenze überschritten hatten, in das Internierungslager Nr. IV nach Kulautuvo gebracht. Noch am selben Tage trafen hier auch die geflüchteten Offiziere aus Wilna und sehr viel polnische Polizei ein. Sie hatten es also doch vorgezogen, die Grenze zu überschreiten und nicht gegen die Russen zu kämpfen. Sehr unangenehm überrascht war ich, als ich fast alle Offiziere aus meinem Regiment wieder erblickte. Sie wußten sehr wohl, daß ich auf eigene Faust getürmt war, und wenn mir auch keine Gefahr mehr von ihnen drohte, so schien mir doch ein Zusammenleben mit ihnen wenig verlockend. Die Zukunft lehrte bald, daß meine Befürchtungen gerechtfertigt waren. Das Lager wuchs bald auf über 2.000 Mann an.

Kulautuvo ist ein an der Memel gelegener Sommerkurort. Wir waren in den hölzernen Villen untergebracht, in denen sich den ganzen Sommer über Kurgäste, meist Juden, aufhielten. Die litauischen Behörden gewährten den Internierten zuerst große Freiheiten, Das Lager war anfangs nicht umzäunt. Man konnte sich also ziemlich frei bewegen. Die Internierten besaßen eine Selbstverwaltung, hatten einen eigenen Kommandanten, und es schien alles erträglich zu werden. Bald jedoch bereuten die Litauer ihre Toleranz. Sie hatten wahrscheinlich mit der "polnischen Wirtschaft" noch keine Erfahrung gemacht. Nachdem es der polnischen Lagerverwaltung im Laufe von 4 Wochen noch nicht einmal gelungen war, die Internierten zahlenmäßig zu erfassen, griffen die Litauer energisch ein und machten einen Schlußstrich unter die "Selbstverwaltung". Es war auch die höchste Zeit, denn die polnische Wirtschaft hatte bereits ihre schönsten Blüten getrieben, so daß viele der Internierten die Selbstverwaltung verwünschten. Außerdem machten immer häufiger werdende Vorfälle ein energisches Einschreiten der litauischen Behörden nötig. Die Art dieser Vorfälle will ich nicht näher beschreiben, da ich befürchten muß, daß sie nicht geglaubt werden.

Mir selber stand nun bevor, mit diesen Menschen unter Umständen lange zusammenleben zu müssen. Wenn ich anfangs geglaubt hatte, daß man uns bald nach Beendigung des polnischen Feldzuges entlassen würde, so wurde ich bald eines Besseren belehrt. Erst, wenn der Krieg zwischen Deutschland und England beendet sein wird, hieß es, könnten wir entlassen werden. Man mußte also vorläufig abwarten. Glücklicherweise entdeckte ich bald, daß ich nicht der einzige Deutsche im Lager war. Außer mir befand sich noch der deutsche Lehrer Philipp Strauß aus Ritschenwalde im Internierungslager, der ebenso wie ich Reserveoffizier war. Daß wir uns nicht gleich fanden, lag daran, daß er in einem anderen Gebäude untergebracht war, und der einzelne in der großen Menge der Internierten untertauchte. Wir trugen von nun an alles Leid in treuer Kameradschaft gemeinsam, und nur diesem Umstande ist es zu verdanken, daß wir seelisch durchhielten. Bald waren wir im ganzen Lager als die beiden Deutschen bekannt, und man versäumte es niemals, in unserer Gegenwart besonders gehässige Redensarten über Deutschland zu führen. Wohl flüchteten wir uns, soweit es anging, ins Freie, um das ewige Gehetze der polnischen Offiziere nicht anhören zu müssen, aber viele Stunden des Tages war man doch gezwungen, mit ihnen zusammen zu verbringen. In unserer Verzweiflung gingen wir beide zum litauischen Kommandanten und klagten ihm unser Leid. Er zeigte uns Deutschen großes Verständnis, doch war er nicht imstande, uns aus unserer trüben Lage zu befreien. Er versprach jedoch, unseren Antrag an das litauische Ministerium auf Entlassung aus dem Internierungslager zu befürworten. Auch die deutsche Gesandtschaft in Kauen (Kowno), an die wir uns wandten (die heimliche Zustellung der Briefe hatte fast unsere letzten Geldmittel erschöpft), konnte uns nicht helfen. Die litauischen Behörden machten eben keinen Unterschied zwischen Deutschen und Polen und wollten von einer Entlassung nichts wissen. Wie mir ein litauischer Beamter des Ministeriums, der in der Lagerkommandantur beschäftigt war, erklärte, konnten wir beide schon deswegen nicht entlassen werden, weil England gegen die Freilassung von Deutschen protestieren würde. Da also auf legalem Wege nichts zu erreichen war, beschlossen wir, einen günstigen Augenblick abzuwarten und selbst zu handeln. Die Zustände im Lager wurden unterdessen immer schlimmer. Die Verteilung der Lebensmittel lag immer noch in den Händen der polnischen Internierten. Die litauischen Behörden lieferten gewissenhaft die nötigen Vorräte, und wenn alles gerecht verteilt worden wäre, hätten wir keine Not gelitten. Es wurden jedoch bald große Schiebungen in der polnischen Proviantur aufgedeckt. Die in Kulautuvo wohnende Zivilbevölkerung war in kurzer Zeit mit Lebensmittelvorräten aller Art versehen, die aus der Lagerproviantur stammten und die die Herren Proviantmeister heimlich verkauft hatten. Auch die jüdischen Krämerläden, die wie Pilze aus dem Boden hervorschossen, hatten sich auf diese billige Weise mit Waren versehen, die sie dann für teures Geld an die Internierten verkauften. Es wurde überhaupt ein schwunghafter Handel, besonders mit Zivilkleidern, getrieben. Für Geld konnte man beim Juden alles bekommen. Es tat sich eine geheime schwarze Börse auf, die polnisches Geld in litauisches umwechselte. Man zahlte zuletzt für 100 Zloty 2 Lit, das sind ungefähr 1 RM. Die höheren polnischen Offiziere waren besonders reichlich mit Geldmitteln versehen. Die hatten die Regimentskasse mit über die Grenze genommen, und es begann nun im Lager eine heimliche Verteilung. Die litauische Lagerbehörde kam jedoch bald dahinter, und es gelang ihr, über eine Million Zloty zu beschlagnahmen. Auch die polnischen höheren Staatsbeamten waren reichlich mit Geldmitteln versehen. Viele hatten große Beträge an russischen Rubeln in den Kleidern eingenäht. Unterdessen schmolz die Anzahl der Internierten immer mehr zusammen. Fast täglich flüchteten 20-30 Mann. Auch als das Lager mit einem Stacheldrahtzaun umgeben und Posten aufgestellt wurden, änderte sich daran nichts. Da das litauische Militär auch Juden hat, war es nicht schwierig, einen jüdischen Posten zu bestechen. Diese "Soldaten" boten sich sogar von selbst an, und zeigten sich bereit, einen Internierten gegen eine entsprechende Entschädigung herauszulassen. Die Summen, die sie forderten, waren allerdings recht hoch. Bald war ganz Litauen mit polnischen Flüchtlingen überschwemmt. Viele wurden allerdings wieder aufgegriffen und ins Lager zurückgebracht. Sie saßen dann ihre 7 Tage ab und versuchten bei nächster Gelegenheit, ein zweites Mal auszubrechen.

In den Wohnungen der Internierten sah es bald gefährlich aus. Erst als der Kehricht in den Gängen am Gehen hinderte und die litauische Lagerbehörde energisch einschritt, machte man sich an die Entfernung des Schmutzes. Auch der Wald, der das Lager umgab, war kaum noch zu betreten. Oft fragte ich mich: wie muß es erst in den Mannschaftslagern aussehen, wenn schon in einem Offizierslager solche Zustände herrschen? Oder sollte es da nicht so schlimm sein? Vielleicht lebten die einfachen Soldaten auch friedlicher miteinander und warfen sich nicht gegenseitig soviel Grobheiten an den Kopf, wie es die Offiziere taten (es wurden auch manchmal Ohrfeigen ausgeteilt). Der Aufenthalt in dieser Atmosphäre war jedenfalls alles andere als angenehm. Dazu kam noch die Sorge um die eigenen Angehörigen in der Heimat, von denen wir beide in den ersten Wochen noch keine Nachricht hatten. Aus deutschen Zeitungen, die neben russischen und polnischen im Lager verkauft wurden, erfuhren wir bald von den Greueltaten, die an den Volksdeutschen in Polen begangen worden waren, und unsere Unruhe wuchs daher von Tag zu Tag. Durch einen glücklichen Zufall jedoch erhielt ich Verbindung mit meinen Angehörigen. Ich hatte eines Tages bei einer der in Kulautuvo wohnenden Familien heimlich Radio gehört und durch den Deutschlandsender erfahren, daß man sich zwecks Auskunft über Angehörige in Polen an den "Volksbund für das Deutschtum im Ausland" (Berlin, Lutherstr. 97) wenden kann. Schnell schrieb ich mir die Anschrift auf und sandte noch am selben Tage einen Brief ab. Es dauerte auch nicht mehr lange, bis meine Angehörigen durch Vermittlung der Zentrale von meinem Schicksal erfuhren und auch ich bald Nachricht erhielt, daß zu Hause alles wohlauf sei. So war durch die schnelle Arbeit des VDA eine große Sorge von mir genommen, und es ließ sich nun alles leichter ertragen.

Das schöne Wetter half einem auch oft über schwere Stunden hinweg. Weniger erfreut über die sonnigen Tage waren die Polen, denn sie schrieben die deutschen militärischen Erfolge nur diesem Wetter zu und verwünschten dasselbe, so oft sie nur konnten. Ja, wenn es geregnet hätte, wären die deutschen Tanks alle in den schlechten Wegen steckengeblieben und dann leicht überwältigt worden. Das war die Ansicht der polnischen Offiziere. Auch sonst hatte ihr Größenwahnsinn weder durch die völlige Zerschmetterung ihres Vaterlandes, noch durch die zum Teil demütigende Behandlung im Internierungslager Einbuße erlitten. Nur ganz wenige sahen die Lage nüchtern an. Die meisten jedoch waren fest überzeugt, daß sie in nicht zu langer Zeit in ein freies, größeres Vaterland zurückkehren würden, um dann an den Deutschen furchtbare Rache zu nehmen. So sah ein Oberleutnant seine Lebensaufgabe darin, dereinst alle zugewanderten Baltendeutschen in der Ostsee zu ertränken. In diesen Wahnideen wurden die polnischen Offiziere durch die englischen Rundfunkberichte bestärkt, die sie zu hören stets Gelegenheit hatten, da in einem Gemeinschaftsraum ein Radioapparat aufgestellt war. Auf Grund dieser Berichte gab man ein eigenes mit der Schreibmaschine geschriebenes Nachrichtenblatt heraus, das dann jeden Tag angeschlagen wurde. Der ganze Haß, der in diesen Berichten zum Ausdruck kam, war hauptsächlich gegen Deutschland gerichtet, weniger gegen Rußland. Trotzdem waren die meisten Offiziere entschlossen, in das von Rußland besetzte Gebiet nicht zurückzukehren und sie hatten auch ihren guten Grund. Aus Unterhaltungen merkte ich bald heraus, daß sie alle gegenüber der weißrussischen Bevölkerung ein schlechtes Gewissen hatten und eine Abrechnung von seiten Rußlands fürchteten. Sie zogen es also vor, in Litauen zu bleiben. Dagegen versuchten sehr viele Offiziere, meist Fliegeroffiziere, nach Frankreich und England zu entkommen. Pässe und Zivilkleider wurden ihnen von den zahlreichen Besuchern aus der polnischen Kolonie in Kauen zugestellt. Schließlich besaß fast jeder einen französischen oder englischen Paß. Die betreffenden Konsulate schickten außerdem in der Nacht heimlich Kraftwagen bis in die Nähe des Lagers. Die jüdischen Wachtposten waren leicht bestochen, und so wurden die Internierten massenweise nach Kauen verfrachtet. Von Litauen aus war dann der weitere Transport nach England bzw. Frankreich mit Schiffen und in der letzten Zeit mit dem Flugzeug vorgesehen. Inwieweit die einzelnen ihr Ziel wirklich erreichten, entzieht sich meiner Kenntnis. Jedenfalls war von den zahlreichen Fliegeroffizieren nach wenigen Tagen nicht ein einziger mehr im Lager. Es gab zudem noch eine andere Möglichkeit, aus dem Lager herauszukommen. Da sich unter den Internierten auch Zivilpersonen befanden und diese bald entlassen werden sollte, gaben sich viele Offiziere als Zivilpersonen aus. Zivilkleidung hatten sie sich leicht verschafft und so behaupteten sie dreist, sie wären niemals Soldaten gewesen, sondern hätten als Zivilisten die Grenze überschritten. Militärpapiere gaben sie an nicht zu besitzen, und so wurden viele von ihnen tatsächlich als Zivilpersonen entlassen und auf freien Fuß gesetzt. Erst als die Zahl der Zivilisten bedenkliche Ausmaße annahm, merkten die Litauer den Schwindel, und es war für immer aus, auf diese bequeme Art freizukommen.

Die Wut der Internierten auf uns zwei Deutsche stieg immer mehr, als sie merkten, daß wir mit dem litauischen Kommandanten in Fühlungnahme standen, und daß sie uns so manche strenge Maßnahme zu verdanken hatten. Außerdem erregte es ihr Mißvergnügen, daß wir uns im Umgang mit Vertretern der litauischen Behörden nur der deutschen Sprache bedienten. Sie versuchten uns dafür auf andere Weise zu ärgern. So nannten sie einen zugelaufenen Hund mit einem Namen, der uns Deutschen heilig ist. Ich beschwerte mich beim litauischen Kommandanten darüber, und er versprach, dagegen einzuschreiten. Er hielt auch Wort, denn vom nächsten Tage ab wagte keiner mehr, uns auf diese Weise zu beleidigen. Dafür begann man, uns um so mehr zu hassen. Als die Lage immer unerträglicher wurde, beschlossen wir beide, nun nicht mehr länger zu warten sondern unsere längst gefaßten Fluchtpläne zur Durchführung zu bringen. Unsere Militärmäntel hatten wir bereits schwarz färben lassen und Zivilmützen besaßen wir auch. Am 14. November brachen wir aus dem Lager aus. Da das Lager rings von elektrischen Lampen umgeben war, mußten wir dabei sehr vorsichtig zu Werke gehen. Einen Wachtposten hatten wir nicht bestochen, da wir nicht mehr über die genügenden Geldmittel dazu verfügten. Es glückte auch so. Den polnischen Kollegen, mit denen ich zusammenwohnte, sagte ich vorher, daß ich beabsichtigte, nach Kauen zu fliehen. Einer von ihnen bat mich noch, auf das englische Konsulat zu gehen und zu fragen, ob denn sein Paß auf den Namen Kulikowski noch nicht fertig sei. Ich versprach, es zu tun, dachte aber nicht daran, mich nach dort zu begeben, vielmehr hatten wir beide beschlossen, in gerader Linie auf die deutsche Grenze zu marschieren. Aus dem Lager waren wir also glücklich heraus, doch nun begann der schwierigere Teil der Flucht. Bis zur Grenze waren es immerhin 80 Kilometer. Wege wollten wir grundsätzlich nicht benutzen, sondern nur des Nachts querfeldein marschieren. Es hieß nun vor allen Dingen, über die Memel zu gelangen. Nachdem wir etwa 6 Kilometer am rechten Memelufer abwärts gegangen waren, sahen wir in der Dunkelheit zwei Fischerboote am Strande liegen. Sie waren nicht angeschlossen, und auch die Ruder hatten die Fischer unvorsichtigerweise liegen lassen. Ich schob nun das eine Boot vorsichtig ins Wasser und wir stiegen ein. Wir mußten dabei jedes unnötige Geräusch vermeiden, denn die Wohnhäuser der Fischer standen nicht weit vom Ufer. Ich legte mich in die Ruder und wir kamen vom Ufer los. Nur langsam schob sich das Boot vorwärts. Die Strömung wollte uns immer wieder an das Ufer zurückdrücken. Die Memel war an dieser Stelle sehr breit und von dem gegenüberliegenden Ufer war in der Dunkelheit nichts zu sehen. Um genauen Kurs zu halten, richtete ich mich nach einem Stern, der sich in der Hecklinie befand. Nach anstrengender Fahrt kamen wir auf der anderen Seite an.

Jetzt konnte die große Wanderung auf die deutsche Grenze zu beginnen. Es hieß sehr vorsichtig sein, denn die Litauer sind ein mißtrauisches Volk, und uns beiden sah man von weitem an, daß wir nicht in Litauen zu Hause waren. Zudem gibt es gerade auf dem Lande in Litauen viele "Schaulis", das sind Mitglieder einer militärisch aufgezogenen Organisation, die, obwohl sie Zivilkleidung tragen, alle bewaffnet sind und schon manchen Internierten wieder ins Lager zurückbefördert haben. Man mußte also jedes Zusammentreffen mit Menschen nach Möglichkeit vermeiden. Wir beschlossen also, nur des Nachts zu wandern. Bald gerieten wir in richtige

Urwälder, durch die wir nur mit Mühe vorwärtskamen. Der Untergrund war meistens sumpfig, und oft mußten wir bis an die Knie durch den Morast waten. Ohne Kompaß und Taschenlampe hätten wir überhaupt jede Orientierung in der Nacht verloren. Im offenen Gelände wiederum hieß es, sehr vorsichtig die Bauernhöfe zu umgehen. Oft mußten wir große Umwege um ein Gehöft machen, da uns die Hunde schon von weitem gewittert hatten und sofort anschlugen. Auch die wachsamen Gänse der Bauern verscheuchten uns mehr als einmal durch ihr Geschnatter und zwangen uns, das Gehöft in großem Bogen zu umgehen. Die erste größere Rast hielten wir bei Eintritt der Morgendämmerung mitten im Walde. Wir setzten uns an einen Baumstamm, der etwas aus dem Sumpf herausragte und stärkten uns an den mitgenommenen Vorräten. Bald waren wir uns darüber klar, daß wir es angesichts des schwierigen Geländes kaum durchhalten würden, immer querfeldein zu marschieren. Ich selbst hatte mir in der Nacht durch einen unglücklichen Sturz eine schwere Sehnenzerrung zugezogen, die mir sehr zu schaffen machte, und so beschlossen wir, auch des Tages zu wandern, und wenn es anging, Wege zu benutzen. Das taten wir dann auch. Glücklicherweise begegneten wir wenig Menschen, und die wenigen, die wir trafen, schienen vor uns ebenso große Angst zu haben, wie wir vor ihnen. Wir sahen auch beide in unseren von der Wanderung stark mitgenommenen Sachen wenig vertrauenserweckend aus. Allmählich wurden wir immer dreister und wagten es schließlich, in eine Hütte zu gehen, um Wasser zu bitten und nach dem Wege zu fragen. Litauisch hatten wir in den zwei Monaten bereits so viel gelernt, daß wir uns einigermaßen verständigen konnten. Als wir uns nach deutschen Familien erkundigten, wies man uns in das nächste Dorf, wo drei deutsche Bauern wohnen sollten. Wir begaben uns auch dorthin und trafen, nachdem wir noch einmal angefragt hatten, auf die erste deutsche Familie. Es waren arme Bauern. Sie konnten sich nicht genug wundern, daß wir bis dahin so gut durchgekommen waren, und daß man uns nicht angehalten hatte. Lange durften wir bei ihnen nicht bleiben, denn es hatte sich bald im Dorfe herumgesprochen, daß zwei fremde Männer bei der deutschen Familie eingekehrt seien, und so brachte uns die Frau abends heimlich zu ihrem etwas weiter wohnenden Bruder. Hier fanden wir freundliche Aufnahme. Man war glücklich, uns Deutschen behilflich sein zu können. Wir blieben zunächst über Nacht und brachen am frühen Morgen gestärkt auf. Der Mann selbst wollte uns von nun an weiter führen. Er kannte eine nicht weit von der deutschen Grenze wohnende deutsche Familie, zu der er uns bringen wollte. Wir marschierten den ganzen Tag. Der Mann ging ungefähr 50 Meter vor uns, damit wir eine nicht zu auffällige Gruppe bildeten. Er wußte sehr wohl, welcher Gefahr er sich damit aussetzte, daß er uns bei der Flucht behilflich war. Er hätte, falls man ihn gefaßt hätte, nicht nur sein ganzes Vermögen verloren, sondern wäre zudem noch mit einigen Jahren Gefängnis bestraft worden. Trotzdem setzte er alles aufs Spiel, um uns zu helfen. Es klappte alles gut. Auch bei der anderen deutschen Familie wurden wir freundlich aufgenommen. Die Frau war glücklich, sich mit Deutschen unterhalten zu können. In der Familie selbst herrschte die größte Armut. Wie uns der Mann erzählte, wird ihm als Deutschen von allen Seiten besonders zugesetzt, so daß er einen ständigen Kampf mit den Behörden zu führen hat. Die Kinder erhalten keinen Unterricht in ihrer Muttersprache. Wir erzählten ihr viel vom neuen Deutschland und versprachen ihr, aus unserer Heimat an sie zu schreiben. Ein Brief aus Deutschland bedeutete für diese Menschen ein Freudentag. Auch diesmal setzte der Mann seine Existenz aufs Spiel, um uns bei dem schwierigsten Teil unserer Flucht zu helfen, bei dem Überschreiten der Grenze. Geld wollte er nicht nehmen, nur einen Brief sollten wir ihm später aus Deutschland schicken.

Auch der letzte schwere Schritt sollte uns gelingen. Es war bereits dunkel geworden. Wir benutzten den Augenblick, als zwischen den litauischen Grenzposten eine Lücke entstand, wateten, bis an die Hüfte im Wasser, schnell durch einen Fluß - und waren auf deutscher Erde. Wir gingen sofort auf das nächste Haus zu, in dem wir Licht sahen, traten ein und waren auch hier an die richtige Stelle gekommen. Wir waren, ohne es zu ahnen, beim Oberwachtmeister von Grenzhöhe eingekehrt. Das war uns eben recht, denn wir wollten uns den deutschen Behörden so schnell wie möglich stellen. Wie tat das wohl, zum erstenmal von einem deutschen Wachtmeister verhört zu werden, und wie gerne gaben wir auf alle Fragen Auskunft. Wir konnten das große Glück, endlich auf deutschem Boden zu sein, kaum fassen. Am nächsten Morgen ging ein von uns lange geträumter Wunsch in Erfüllung:

Wir waren freie Deutsche im Reiche Adolf Hitlers.

* * *

Eine wahre Hölle erlebten 24 volksdeutsche Soldaten im rumänischen Internierungslager Campulung, wo sie am 8. 11. 39 von 1.500 Polen überfallen und mißhandelt wurden. Wäre nicht, so berichtet der Uffz. Karl Krawitz (Königshütte O.S., Bergfreiheitsstr. 52), rumänisches Militär mit Waffengewalt dazwischengetreten, dann hätten die Polen ihre Absicht, diese Deutschen als "Spione" totzuschlagen, ausgeführt.

13

Von einer deutschen Granate
schwer verwundet

Leutnant Dr. Axel Albrecht Weiß, Sonnenhof
(zur Zeit Chirurgische Universitäts-Klinik in Breslau)

Was Kamerad Beckmann in dem ersten Teil seines Berichtes erzählt, habe ich auch erlebt. Darum beschränke ich mich hier auf meine letzten Erlebnisse.

Die polnischen Soldaten hatten allgemein geglaubt, die Offiziere würden sich vor dem Kampfe drücken. Tatsächlich soll es auch sehr oft so gewesen sein. In meinem Regiment war es jedoch nicht der Fall. Fast alle Offiziere sind gefallen oder verwundet worden. Nur wenige wurden gefangengenommen.

Eines Tages hörten wir den ersten Kanonendonner, und bald darauf marschierte ich mit einem Bataillon - zwei waren vor Radom geblieben, eins wurde wieder aufgefüllt - in Richtung Lemberg. Wir sollten uns angeblich mit dem "siegreichen" General Sosnkowski vereinigen und dann "die wenigen Deutschen, die über die Weichsel gekommen waren - alles andere war dort aufgehalten worden - aus ihren Stellungen werfen und zu Paaren treiben!"

Es kam anders. Zwischen Zamosch und Tomaschow stießen wir auf deutschen Widerstand. Wir wurden zum Sturmangriff eingesetzt, *ohne* Flieger-, Artillerie- oder Panzerhilfe, während sofort von deutscher Seite her ein rasendes Maschinengewehrfeuer einsetzte, begleitet von einer sehr gut eingeschossenen Artillerie. Auch die Flieger blieben nicht aus. Es dauerte auch nur kurze Zeit, bis das Schicksal des Bataillons entschieden war. Von 27 Offizieren waren 17 tot, 7 verwundet und 3 gefangen. Unter den Mannschaften sah es nicht anders aus. Ich selbst wurde gleich beim zweiten Sprung schwer verwundet. Ein Granatsplitter hatte mein Schienbein zerschmettert. Durch den starken Blutverlust fiel ich bald in Ohnmacht und erwachte erst, als längst schon alles ruhig war. Um mich herum lagen tote Soldaten und Pferde. Ein deutscher Unteroffizier erschoß die verwundeten Pferde. Immer wird mir das entsetzliche, menschenähnliche Schreien verwundeter Pferde in Erinnerung bleiben. Deutsche Sanitäter legten mir einen Notverband an und trugen mich auf einen Wagen. Sie machten beides sehr liebevoll und sorgfältig. Schmerzlich war für mich nur, daß sie mir nicht glauben wollten, daß ich Volksdeutscher wäre. Mit dieser Bezeichnung war eben zu viel Schwindel getrieben worden. Auch der Inhalt meiner Brieftasche (Mitgliedskarte der "Welage", Visitenkarten, Photographien mit deutschen Widmungen usw.) konnte sie nicht überzeugen. Abends zogen sich die Deutschen leider wieder zurück. Wir, die wir auf dem Wagen lagen, gerieten wieder in polnische Hände. Die nächsten 10 Tage verbrachte ich in einer Schule auf schmutzigem, staubigem Stroh. Der Arzt war ein Internist, der von Wundbehandlung wenig Ahnung hatte. Fieber wurde nicht gemessen, Gips gab es nicht, dafür aber um so mehr Schmerzen. Das erste, was ich mir einmahnte, als ich zu Bewußtsein kam, war eine Tetanusspritze, denn die hatten wir in der Kaserne nicht bekommen. Dabei möchte ich auch bemerken, daß ich keinerlei Erkennungsmarke besaß. Drei Tage nach meiner Einlieferung in die Schule wurde das Gebiet von den Russen besetzt. Die Russen ließen uns dann nach einigen Tagen im Krankenwagen nach Zamosch überführen. Hier kam ich in ein Gymnasium, das notdürftig als Lazarett hergerichtet worden war. Ich kam mit 37 Leichtverwundeten in den Zeichensaal, der sich bald als recht kalt erwies. Unser Saalarzt war ein polnischer Oberleutnant, und zwar ein Jude. Er hat mich zwar nicht gerade schlecht behandelt, aber wohl war mir dabei nicht! Die Leichtverwundeten machten viel Krach, so daß ich mich auf meinem Strohlager, eingeengt zwischen einem Pult und einem polnischen Soldaten, recht unglücklich fühlte. Als Schwester hatten wir ein 16jähriges Mädel, die mehr Wert auf Flirten als auf den Zustand ihrer Patienten legte. Meistens, wenn man sie brauchte, war sie überhaupt nicht da. Lachend, kichernd trieb sie sich irgendwo herum. Zwischen 2 und 4 Uhr nachmittags sowie ab 8 Uhr abends war sie überhaupt nicht zu sprechen! Als Sanitäter waren in unserem Saal drei Kerle beschäftigt, von denen einer recht nett war und seine Arbeit tat, während die anderen beiden es als Gnade ansahen, wenn sie geruhten, einem z. B. den "Schieber" zu geben. Es war trostlos mit der Pflege. Ein junges Mädel für sieben Säle konnte natürlich nicht überall sein. Also lag sie meistens auf irgendeinem Strohsack und schlief. Klingeln gab es nicht, also mußte man brüllen. Es erschien zwar niemand, dafür aber erwachte der ganze Saal und brummte. Irgendeiner der Leichtverletzten erbarmte sich dann nach einer halben Stunde des Patienten und versorgte ihn. Ich selbst habe einmal irrsinnige Schmerzen durchhalten müssen, weil mein kaputtes Bein vom Strohsack gerutscht war und nun in der Luft hing: gebrochen und ohne Gipsverband. Nach einer halben Stunde ungefähr wurde ich aus dieser Lage durch einen einfachen polnischen Soldaten befreit. Andere Hilfe war nicht zu erreichen. Ich habe selbst erlebt, wie ein anderer, nachdem er lange gerufen hatte, sein "Geschäftchen" auf dem Strohsack erledigte und dann darin liegen mußte. Erst nach Stunden wurde er davon befreit. Schlafen war natürlich bei solchen Ereignissen meist illusorisch. Ich habe viele Nächte ohne Schlaf verbracht. Schlafmittel wurden nicht gegeben, auch nichts gegen die Schmerzen. Verbunden wurde ich jeden Tag. Einen Gipsverband aber bekam ich erst am 10. 10., also 3 Wochen nach meiner Verwundung. Bis dahin wurde ich jeden Tag zweimal auf die Trage gelegt, ins Operationszimmer gebracht und verbunden. Das war jedesmal mit großen Schmerzen verbunden, zumal die Beinenden nie in der richtigen Lage waren und sich gegeneinander rieben. Als Gehilfen im Operationssaal waren Gymnasiasten angestellt, die zwar für Dummheiten Verständnis hatten, aber nicht geeignet waren, ein gebrochenes Bein zu halten.

Unser Lager bestand zunächst aus Stroh, später aus einem Strohsack und nach fünf Wochen endlich aus einem Bettgestell mit Strohsack. Das Essen war sehr schlecht. Dreimal täglich gab es "Taterka" mit warmem Wasser, einmal "Kaffee", meist eine braune Lure. Etwas trockenes Brot vervollständigte die Tagesration. Man lebte halt von seinen Körperkräften, solange diese reichten. Was nach deren Verbrauch werden würde, war mir schleierhaft. Fieber gemessen wurde nur dem, dem man das hohe Fieber ansah, und auch nur dann, wenn zufällig ein Fieberthermometer aufzutreiben war. Es stellten sich bei all diesen Mängeln natürlich gleich allerlei Nebenkrankheiten ein. Ich selbst bekam Rippenfell- und Lungenentzündung. Mit vielen Spritzen ist man ihrer Herr geworden. Am 10. 10. bekam ich meinen Gips, den ein polnischer Hauptmann (Chirurg aus Kattowitz) machte, und der recht gut angelegt war, wie mir später deutsche Ärzte sagten. Nur was sich so nebenbei abspielte, war wenig erquicklich. Das Zimmer, in dem der Gips angelegt wurde, war recht kalt. Nach dem Anlegen des Gipses mußte ich noch eine Stunde fast nackt auf dem nassen Tisch liegen, damit sich der Gips erhärtete. Danach wurde ich zähneklappernd auf meinen Strohsack gebracht... Ich bat um heißen Tee oder Kaffee, ja um heißes Wasser zum Trinken, um mich zu erwärmen, es war aussichtslos. All mein Bitten und Schimpfen half nichts. Ein kräftiger Husten war die Folge.

Sieben Tage nach meiner Einlieferung in Zamosch verschwanden die Russen. Es wurde trostlos. Mein Bein war nur noch ein Eiterklumpen in Gips. Schmerzen hatte ich jetzt weniger, dafür stank es um so mehr. Endlich, nach weiteren zwei Tagen, kamen wieder deutsche Besatzungstruppen und brachten uns als erstes alles Nötige zum Verbinden. Ich atmete auf. Es wurden wieder regelmäßige, gute Verbände gemacht. Leider konnte ich lange Zeit keine Verbindung mit deutschen Soldaten oder Offizieren bekommen. Von uns durfte niemand raus und von ihnen kam niemand. Ich hätte so gerne meinen Angehörigen ein Lebenszeichen gegeben. Es war durch Post oder Feldpost nicht möglich. Die Feldpost war für Kriegsgefangene gesperrt. So gab ich denn einem Flüchtling aus Posen einen Brief an meine Frau mit, der nach drei Wochen auch wirklich in ihre Hände gelangt und ihr endlich Gewißheit brachte. Alle meine Freunde und Bekannte waren Anfang Oktober heimgekehrt. Meine Frau bekam die erste Nachricht erst am 21. 10. Sie hat in dieser Zeit allerhand an seelischen Qualen durchgemacht. Am 26. 10. bekam ich die erste Nachricht von zu Hause. Ende Oktober hatte ich wieder eine Lungenentzündung, derzufolge ich mich auf die innere Station verlegen ließ, mit dem Erfolg, daß zwar die Lungenentzündung nachließ, meine Wunde aber vollkommen versaute. Also zurück in die chirurgische Abteilung, aber nicht in meinen alten Saal, sondern in den der Schwerverwundeten. Hier erging es mir schon etwas besser. Graue Schwestern pflegten uns, und auch das Essen war ein wenig besser. Nicht schön war der Verbandsaal, in dem an vier Tischen gleichzeitig verbunden wurde. Es ist mir dort passiert, daß ich zwischen drei Amputierten lag, was sich natürlich nicht gerade ermunternd auf meinen ohnehin schon nicht rosigen Gemütszustand auswirkte. Feststellen konnte ich noch, daß sich die verwundeten Offiziere viel wehleidiger benahmen als die einfachen Soldaten. Es war manchmal recht beschämend, wenn ein einfacher Soldat bei schweren Eingriffen keine Miene verzog, ein Offizier dagegen bei einem einfachen Verband schon wie am Spieße schrie. Auch in der Nacht wurde die diensthabende Schwester am meisten von den "Herren" Offizieren gebraucht.

Am 11. 11. kamen endlich 400 polnische Verwundete nach Krakau. In einem deutschen Sanitätszug wurden wir dorthin gebracht. Es war wie eine Erlösung. Unterwegs lagen zwischen Demblin und Warschau Minen auf den Schienen, die wohl einem fahrplanmäßigen Schnellzug gegolten haben mögen. Sie wurden, Gott sei Dank, vorher entdeckt und weggeräumt, so daß uns nichts passierte. Im Zuge lernte ich einen deutschen Assistenzarzt kennen, der mich als Volksdeutschen in Krakau sofort in das große deutsche Standortlazarett bringen ließ. Ich kam mir in dem schönen frischen Bett bei sehr guter Verpflegung und Pflege wie im Paradies vor. Vor allem aber war ich nun schon der Heimat etwas näher gerückt. Acht Tage später brachte mich meine Frau mit der Bahn zu Professor Bauer nach Breslau, der mein Bein wieder ganz intakt bringen will.

Und nun warte ich auf die Gesundung, um auf meinem Gute teilzunehmen am Aufbau des Reichsgaues Wartheland. Wer vermag unser Glück zu ermessen, daß wir nun unser Vaterland wiederhaben und jenen Polenstaat vergessen können, der uns Deutsche entrechtete und bedrückte und zuletzt noch zwang, unter fremder Fahne gegen unsere eigenen Brüder zu stehen.

14

Wir und verwundete Soldaten der deutschen Wehrmacht

Sanitäter Georg Mühlke-Unterberg, Posen

Es war selbstverständlich, daß wir volksdeutschen Soldaten im polnischen Rock reichsdeutschen Verwundeten und Kriegsgefangenen ihr Los erleichterten, wo wir nur konnten. Wehe aber dem, der sich dabei ertappen ließ! Selbst Polen bekam das schlecht. Folgende Vorfälle werden mir immer im Gedätchnis bleiben.

Ich arbeite gerade in einem polnischen Feldlazarett in Kongreßpolen. Es wimmelt von Verwundeten, und die Arbeit ist kaum zu bewältigen. Zum ersten Male hat man auch einige Verwundete der deutschen Wehrmacht hereingeschleppt.

Mit einigen kann ich unauffällig ein paar deutsche Worte wechseln, allerdings ohne mich selbst zu erkennen zu geben. Der eine ist ein Freiwilliger, 19 Jahre alt, ein tapferer Kerl. Seine Verwundung ist schwer. Dazu liegt er unbequem. Er ist zu groß für die Tragbahre. Ich versuche, ihm etwas mehr Stroh unter den Kopf zu schieben. Dabei fahre ich ihm mit der Hand leicht über die Stirn. Das merkt glücklicherweise keiner, aber in der Hand ist soviel Liebe drin.

Vielleicht spürst du das, du deutscher Kamerad, daß ich dir so gern helfen möchte in dieser schweren Lage. Ach ja, er muß es spüren, denn er fragt mich, ob ich eine Zigarette für ihn habe. Ich habe eine. Wie gern stecke ich sie ihm an. Er kann sie selbst kaum halten und ich helfe ihm dabei. Ein Pole steht dabei und brummt: "Dem noch eine Zigarette geben!" Ich achte nicht darauf, bin nur innerlich so froh, daß ich einem deutschen Kameraden, der ja auch für mich, für meine Heimat gekämpft hat, einen kleinen Dienst erweisen kann. Der Pole radebrecht ein wenig Deutsch. Er schimpft auf den Führer, bei ihm könne er sich bedanken, daß er so zugerichtet ist, meint er zu dem Verwundeten. Doch dieser läßt auf den Führer nichts kommen. "Der Führer wollte keinen Krieg, aber die andern!" wiederholt er immer wieder.

In der Nacht fahren wir weiter und ich merke, daß wir ziemlich scharf nach rechts abbiegen. Wir kommen an die Moorwiesen vor Łęczyca und nehmen Quartier in einem Dorf. In einer Scheune können wir einige Stunden schlafen. Als ich am Morgen aufwache, höre ich Kanonendonner. Die Front kann nicht mehr weit sein. Uns wird erzählt, daß wir in dem Ort längere Zeit bleiben sollen. Ein Verbandsplatz ist schon eingerichtet. Unser Zug wird am Vormittag zum Dienst abkommandiert. Es heißt, daß wir wieder mal Brot bekommen sollen. Zwei Tage haben wir keins mehr empfangen.

Unter den Verwundeten sind wieder einige Deutsche. Soll das wirklich Rückzug der Deutschen bedeuten? Es gibt einige Male Fliegeralarm. Die Bomben fallen schon in nächster Nähe von unserem Standort. Plötzlich gegen Mittag werden wir abgelöst. Wir sollen weiter vor, um einen neuen Verbandsplatz zu belegen. Unterwegs erfahren wir auch den Grund dafür. Schon früh am Morgen ist der erste Zug nach derselben Stelle aufgebrochen, ist aber unterwegs von deutschen Fliegern überrascht und auseinandergesprengt worden. Drei Tote sind liegengeblieben und über 10 Verletzte, dazu die Hälfte der Bespannung. Wir kommen einige Stunden später an der Stelle vorbei. Grausig sehen die bereits aufgedunsenen Leiber der Pferde aus, die noch in den Sielen stecken, wie sie liegengeblieben sind.

Schließlich kommen wir in dem Gut an, in dem wir die Verbandsstelle errichten sollen. Es heißt, daß es einem Deutschen gehört, der geflohen sein soll.

Das Schloß ist voll von polnischen Flüchtlingen aus Lodsch und Posen. Wir richten die Verbandsstelle in einem Wirtschaftsgebäude ein, später ziehen wir in die Räume des Schlosses.

Es beginnt unsere Arbeit, die schwerste während der ganzen Kriegstage. Die 17. Division, zu der wir gehören, macht einen Angriff auf Łęczyca. Die Verluste sind furchtbar. Unser Zug arbeitet unter Leitung des Leutnants Dr. Nejmann, der seinen Namen möglichst polnisch ausspricht, 30 Stunden ohne Ablösung. Kaum, daß wir Zeit haben, etwas zu essen. An Schlafen ist nicht zu denken. Wir stehen im Verbandsraum. Eine Bahre nach der anderen wird herausgetragen. Die bittere Not und das ganze Elend des Krieges müssen wir durchleben. Zerschossene Hände und Beine, Kopfwunden, komplizierte Knochenbrüche, Durchschüsse. Wir müssen die Zähne zusammenbeißen, um durchzuhalten. Über 300 Verwundete werden von uns verbunden. Unser Verbandsstoff wird knapp und geht teilweise ganz aus. Keine Watte ist mehr da. Wir haben soviel für Schienenverbände verbraucht. Es ist eine Nervenanspannung sondergleichen. Ich bin derartig gereizt, daß mich jeder kleine Anranzer wie ein Peitschenhieb trifft.

Die Leute reden von der Front, im Anfang mit froher Zuversicht. Später flaut es ab, und allmählich sickert durch, daß die Offensive gescheitert sei. Ich merke auf, als ich solche Berichte höre. Ob ich nicht hier zurückbleiben kann, falls es weitergeht? Ich sehe, wie fieberhaft eilig die Verwundeten weitergeladen werden. Wir haben zwei große Autobusse Posener Firmen, in denen die Leichtverwundeten, welche sitzen können, wegkommen. Die Schwerverwundeten bleiben auf den Tragbahren und werden mit den Krankenautos des P. C. K. (Polnisches Rotes Kreuz) wegtransportiert.

Hier tritt ein bezeichnender Zwischenfall ein. Schon am Nachmittag des ersten Tages wurde ein polnischer Leutnant mit einem Verwundetentransport angebracht, der in der Linie von einer Granate verschüttet worden war, dem aber sonst nichts passiert ist. Er geht überall umher, einige Male erscheint er auch im Verbandsraum.

Plötzlich, wir verladen gerade Verwundete, entsteht im Park ein Geschrei: "Halt, halt!" Dann fallen Schüsse. Aus der Dunkelheit ruft in Todesängsten eine Männerstimme polnisch:

"Um Gottes willen, schießt nicht! Ich bin doch polnischer Soldat, polnischer Offizier! Ich kann euch das beweisen! Ich kann mich legitimieren!"

Es ist schrecklich! Wieder fallen einige Schüsse. Soldaten schreien: "Ein Spion, ein Spion! Schlagt ihn nieder!"

Dann muß ich wieder in den Verbandsraum. Dort wird schon erzählt, was draußen vorgeht. Andere kommen, erzählen es genauer, beschreiben den Offizier. Es stellt sich heraus, daß wir ihn alle gesehen haben. Es ist der verschüttete Offizier. Da ruft unser Fähnrich, der zur Unterstützung Dr. Nejmanns in den Verbandsraum gekommen war: "Aber den kenne ich doch, es ist der Graf Mankowski aus dem 69. Rgt. Er hat seine Besitzung in der Nähe Gnesens." Er läuft hinaus und nach einer Weile bringen sie den Offizier blutüberströmt in den Verbandsraum.

"Bitte verbindet mich, ich stelle mich sofort vor ein Kriegsgericht."

Viermal ist er von Revolverkugeln durchbohrt.

Ich erfahre, wie der Anfang dieser, für die polnische Spionenangst so bezeichnende Geschichte gewesen ist.

In dem Park waren einige deutsche Soldaten als Gefangene untergebracht worden, unter ihnen ein Offizier. An ihn war angeblich Graf Mankowski herangetreten, hatte ihm kameradschaftlich die Hand gereicht und militärisch gegrüßt. Er blieb dann bei der Gruppe stehen und unterhielt sich in deutscher Sprache mit dem Offizier. Einige behauptete, er hätte sich dabei über das polnische Heer lustig gemacht. Ich glaube aber kaum, daß dies stimmt. Die Leute werden ihn gar nicht richtig verstanden haben. Jedenfalls trat bald darauf ein Fähnrich an die Gruppe heran und verbot dem Leutnant, also einem Rangälteren, die Unterhaltung mit einem deutschen Offizier. Mankowski ließ sich dies natürlich nicht gefallen, und es kam zu einem Wortgefecht, in dem der Fähnrich dem Leutnant Spionage vorwarf und ihn mit der Pistole bedrohte. Wie es dann dazu kam, daß der Fähnrich geschossen hat und der Leutnant die Flucht ergriff, konnte ich nicht richtig herausbekommen.

Wir arbeiteten weiter in dem Verbandsraum, müde, hungrig, spüren kaum die Hände mehr vom Tragen der Verwundeten. Der Verbandsstoff wird alle, wir wissen nicht mehr, womit wir verbinden sollen. Und immer noch kommt ein Verwundetentransport nach dem anderen bei uns an. Auch Deutsche sind wieder darunter. Bei dem großen Andrang werden sie in die Reihen der anderen gestellt, kommen aber nicht der Reihe dran zum Verbinden, sondern werden übersprungen. Mir tut das bitter weh. Ich versuche ihnen Erleichterungen zu schaffen. Dem einen schneide ich das eingetrocknete Verbandszeug durch, dem anderen bringe ich etwas Tee zu trinken, dem dritten helfe ich, sich besser hinzulegen. Aber das ist alles nichts. Die Leute müssen neu verbunden werden. Einige Male weise ich darauf hin, daß schon lange die Deutschen an der Reihe wären. Der Unteroffizier, welcher das Hereinbringen der Verwundeten regelt, bestimmt immer wieder anders, und der Leutnant hört gar nicht hin. Ihm kann ich auch keinen Vorwurf machen. Er hat sich den deutschen Gefangenen gegenüber korrekt benommen. Er ist übermüdet, überreizt. Zu stark liegt die Last der Arbeit auf ihm.

Und doch gelingt es mir, von ihm die Zustimmung zu erhalten, daß einige Deutsche hereingebracht werden. Der eine ist sehr schwer verwundet. Ich glaube nicht, daß er noch lange leben wird. Der andere ist mein Mann, dem ich schon vorher den Verband durchgeschnitten hatte. Ich erfahre seinen Namen: Willi Schaefer vom 55. Inf.-Rgt. - "Ob du wohl noch lebst, Kamerad? Ob du gut herausgekommen bist?" - Ich kann es so einrichten, daß ich die letzten Griffe am Verband allein bei Schaefer bin. "Ich bin auch ein Deutscher!" flüstere ich ihm ins Ohr und drücke dabei seine gesunde Schulter. Seine Augen leuchten hell auf und dankbar lächelt er mich an. Er wird bald verladen und ich sichere ihm, da er sitzen kann, noch einen Platz im Autobus...

Nach der Heimkehr in die befreite Heimat trat ich sofort in den Selbstschutz und dann in die Schutzstaffel ein, wo ich als SS-Mann meine Pflicht erfülle. Nach all den bitteren Erfahrungen der letzten 20 Jahre soll uns kein Opfer zu gering sein, wenn die Schutzstaffel uns ruft, für die Sicherung der Heimat innen und außen anzutreten.

15

Ein satanischer Befehl

Leutnant Hanns Hellmuth Heising, Saalfelde Kr. Ostrowo

In den letzten Monaten vor Kriegsausbruch hatte sich der Deutschenhaß der Polen bis zur Siedeglut gesteigert. Steine und Strafmandate hagelten in gleicher Weise in unsere Häuser, und aus den Augen der Polen funkelte uns ein unbarmherziger Vernichtungswille entgegen.

Welche Gefühle mich also beherrschten, als ich mich am 31. 8. 39 zum 17. Reserve-Ulanenregiment in Kraśnik, Woiwodschaft Lublin, stellen mußte, ist schwer zu schildern. Meine trübe Stimmung hob sich etwas, als ich dort schon einige mir bekannte volksdeutsche Reserveoffiziere antraf, Bonse, Bilstein, Graf Stolberg, v. Wendorff, Stieler und Anders. Da nach dem 1. September die Flieger Hermann Görings uns heftig bepflasterten, setzte sich unsere Truppe zunächst nach Brest-Litowsk in Marsch. Auf dem halben Wege dorthin ereilte uns der Befehl: Kurswechsel Richtung Brody. Weshalb, das sollte uns bald klarwerden. Der Kanonendonner kam näher und näher, und bald zogen wir in den Wäldern, die deutschen Tanks die Straßen entlang. Meine deutschen Kameraden hatte ich bei dem immer größer werdenden Wirrwarr aus den Augen verloren.

Die 2. Schwadron, der ich angehörte, hockte schon 3 Tage in einem kleinen Walde, ohne Essen und Trinken für Mannschaft und Pferde. Die Stimmung der nur zu einem Drittel bewaffneten Truppe war verheerend. Uns hatte man bisher nur Siegesmeldungen aufgetischt, und nun wollte es keinem der Polen in den Sinn kommen, daß wir eigentlich schon von allen Seiten von deutschen Truppen umgeben waren. Was sich aber in Wirklichkeit abspielte, wußte keiner von uns. Als der Abend des zweiten Tages in unserem Waldversteck dämmerte, hörte ich auf der nur 2 km westlich gelegenen Chaussee starkes Motorengebrumm. Ich kletterte am Waldrande auf eine Kiefer und schaute herüber. Da fuhren deutsche Fahrzeuge und Tanks mit Licht, als ob sie sich mitten in Berlin befänden. "Bald ist die Tortur zu Ende", dachte ich bei mir, "der Hunger wird dich nicht mehr quälen und du wirst mit und nicht gegen die Brüder da drüben marschieren." Plötzlich schreckte mich der Ruf "Heising" aus meinem Sinnen auf. Ich sprang vom Baum herunter. "Herr Leutnant, Sie sollen zum Schwadronschef kommen." Einige Sätze und ich war vor ihm. Um ihn herum standen schon die Offiziere und Fähnriche der Schwadron. "Meine Herren", sagte er, "wir werden versuchen, den Deutschen eins auszuwischen. Einer von ihnen wird sich an die Chaussee schleichen und einem Tank eine geballte Ladung Handgranaten vor die Nase werfen."

Bei meinen polnischen Kollegen schien dieser sinnlose Plan wenig Begeisterung hervorzurufen. Der Chef musterte einen nach dem anderen, dann blieb sein Blick an mir haften. Es zuckte in seinem Mundwinkel und seine Augen blitzen mich falsch an: "Heising, Sie werden den Auftrag sofort ausführen." Als ich automatisch die Hacken zusammenriß und mein "Zu Befehl" herauspreßte, fühlte ich und sah es allen Gesichtern an: "Das ist dein Todesurteil." Ich band 7 Handgranaten zusammen - meine Hände zitterten dabei vor Wut und Erregung - und schlich in der anbrechenden Dämmerung meinem Ziele zu. Ungefähr die Hälfte meines Weges mochte ich zurückgelegt haben, als ich beim Verschnaufen merkte, daß dicht hinter mir ein Pole mit dem Karabiner auf dem Rücken und einer Handgranate in der Hand mir nachschlich. Er merkte wohl, daß ich still dalag und blieb auch liegen. In mir kochte es: "Also so habt ihr verehrlichen Polaken das gemeint! Schmeißt der Njemjez seine Ladung nicht, dann fliegt ihm selbst die Handgranate in den Rücken."

Mein Entschluß, die Ladung so zu werfen, daß kein Tank etwas abbekam, stand von vornherein fest. Hauptsache, es knallte. Ich kroch nun schnell weiter, machte eine schnelle Schwenkung nach links in ein mehr hügeliges Gelände hinein, um meinen Aufpasser abzuschütteln. Ob mir das gelungen war, konnte ich, als ich an der Chaussee lag, nicht genau feststellen, denn beim Umdrehen sah ich in meiner Erregung alle möglichen Gestalten. Ich beobachtete, an den Chausseegraben gepreßt, die Tanks und die mit Soldaten der Wehrmacht besetzten Lastwagen. Sie waren mit schußbereiten MG.s gespickt. Rausspringen aus dem Graben, rufen? Unmöglich! Ehe ich das Motorengebrumm mit meinem Rufen übertönt hätte, wäre ich von Kugeln durchsiebt gewesen. Das Herz klopfte mir zum Halse heraus und der Schweiß trat aus allen Poren...

Plötzlich bemerkte ich zwischen zwei Tanks einen weiten Zwischenraum. Blitzschnell warf ich die Ladung über die Chaussee hinweg. Ein toller Krach! Ich wußte, sie konnte keinem deutschen Wagen etwas anhaben. Ehe ich's mir versah, war der nächste Tank ran und nahm den Graben unter Feuer. Kaum war die Garbe über mich hinweg, sprang ich heraus in ein Kartoffelfeld. Der Tank schoß immer noch weiter. Ich blieb lange liegen, denn meine von langem Hungern geschwächten Glieder zitterten nun nach der nervenaufpeitschenden Spannung derart, daß ich einfach nicht weitergehen konnte. Schließlich wählte ich einen Umweg zur Schwadron, um meinem Aufpasser aus dem Wege zu gehen. In der Dunkelheit schien es mir, als sei jeder Strauch ein polnischer Soldat...

Bald stand ich vor dem Schwadronschef. "Sie haben den Auftrag ausgeführt." - "Zu Befehl!" - "Haben Sie getroffen?" - "Nein." Haßerfüllt blickte er mich an. Er hörte wohl die Überzeugung heraus, die in meinem "Nein" mitklang. Dann schickte er einen polnischen Fähnrich mit dem gleichen Auftrag nach der Chaussee. Der Ärmste kam nicht mehr zurück. Man fand ihn am nächsten Morgen, von vielen Kugeln durchlöchert, im Chausseegraben liegen...

Einige Tage später waren wir in russische Gefangenschaft geraten. Einer meiner Ulanen rettete mich durch sein mutiges Dazwischentreten vor dem Erschießen. Es mag ein Ukrainer gewesen sein, denn er sprach auch gut russisch. Dann türmte ich bei der ersten günstigen Gelegenheit los, immer vor den Russen her, bis zur Weichsel. Es war zum Verzweifeln. Tagelang versuchte ich, mich deutschen Truppen zu stellen. Aber kaum sahen sie mich, da bekam ich auch schon Feuer. Das wiederholte sich mehrere Male. Einmal erwischte es mich um Haaresbreite. Endlich erreichte ich nach Gewaltmärschen die Weichsel, nahm mir nachts einen Kahn ohne Ruder und ruderte mit den Händen über den Strom. Das dauerte, weil ich immer wieder abgetrieben wurde, drei Stunden. Völlig erschöpft sank ich am anderen Ufer zusammen und fiel in einen tiefen Schlaf. So fanden mich am nächsten Morgen deutsche Soldaten und nahmen mich gefangen...

Nun ist die Heimat frei. Ich trage die schwarze Uniform der SS und bin glücklich, daß der polnische Spuk verflogen ist. Worum es heute bei dem gewaltigen Ringen um unser Großdeutsches Reich geht, wissen wir ehemaligen Volksdeutschen am besten. Unseren

Kindern soll erspart werden, was wir durchmachen mußten. Dieser Gedanke wird uns die Kraft geben, in der Front des nationalsozialistischen Deutschtums unseren Mann zu stehen und Gut und Blut für die errungene Freiheit einzusetzen.

* * *

Am 27. 4. 1940, kurz nachdem Heising uns seine Kriegserlebnisse eingeschickt hatte, brachte der *Ostdeutsche Beobachter* folgende Traueranzeige:

"Unerwartet entschlief heute an den Folgen der Kriegsstrapazen, die er unter fremder Fahne durchmachen mußte, mein inniggeliebter Mann, unser herzensguter Vater, mein lieber Bruder, Hanns Hellmuth Heising, im Alter von 39 Jahren..."

16

Eine Tragödie in Schwaningen (Schwersenz)

Auf Grund von Untersuchungsakten der Staatspolizei

In dem Städtchen Schwaningen bei Posen wurden im September 1939 die durchgeführten Züge der deutschen internierten Zivilisten von der polnischen Bevölkerung besonders grausam mißhandelt. Die an Ort und Stelle nach der Befreiung des Warthelandes von den deutschen Polizeibehörden durchgeführten Untersuchungen führten zu der Feststellung, daß auch drei volksdeutsche Soldaten in polnischer Uniform von dem aufgehetzten Pöbel erschlagen wurden. Ihre Namen konnte man bisher nicht ermitteln. Der im folgenden dargestellte Tatsachenbestand stützt sich zumeist auf Aussagen, die polnische Augenzeugen und Täter den Untersuchungsbehörden gemacht haben.

Am 6. September 1939 erschienen in Schwaningen vier Soldaten in polnischer Uniform auf Rädern, von denen einer in ein Haus ging, um etwas Trinkwasser zu holen. Die auf der Straße herumlungernde Menge ließ sich mit ihnen in ein Gespräch ein, wobei sie merkte, daß es sich um schlecht polnisch sprechende Volksdeutsche handle. Nun ging der Pöbel sofort tätlich gegen sie vor. Den Überfallenen blieb nichts anderes übrig, als die Flucht zu ergreifen.

Als nach einer Weile der vierte aus dem Hause kam, stürzte sich die Menge sofort auf ihn und hielt ihn fest, um seine Nationalität festzustellen. Er mußte - das ist ein alter, den Deutschen gegenüber angewandter Brauch - die besonders schwer auszusprechenden Worte *"Chrzaszcz brzmi w trzcinie"* hersagen. Wer die polnische Sprache nicht gut beherrscht, verhaspelt sich nämlich unweigerlich in diesem Gewirr der verschiedensten, der deutschen Zunge ungewohnten Zischlaute.

Das passierte nun auch dem volksdeutschen Soldaten. Der Pöbel erkannte ihn als Njemjec, zerrte, schlug, trat ihn, johlte: "Ein Spion", "deutsches Schwein", "Hängt ihn auf", "Reißt ihm den Bauch auf", *"ofermo niemiecka"* usw. Dann schleppte man ihm zum Tennisplatz, legte ihm eine Schlinge um den Hals und hängte ihn auf. Da aber trat einer dazwischen und sagte: "Der muß zur Polizei!" und verlangte die Lösung der Schnur.

Freudig stimmte die Menge zu, denn es wäre doch schade gewesen, hätte der Deutsche allzu schnell seinen Geist ausgehaucht. Die den Polen eignende Lust am Quälen siegte. Sie lösten dem schon Besinnungslosen die Schnur vom Halse, rissen dann den Ohnmächtigen vom Boden hoch, schleiften ihn zum Magistratsgebäude und von dort in eine Zelle. Nach drei Stunden holten ihn Angehörige der polnischen Organisation für militärische Jugendausbildung heraus, führten ihn in Richtung Jasin ab, wo sie ihn an einer Scheune erschlugen.

Inzwischen spielte sich in der Stadt die zweite Tragödie ab. Ein Pole, ein ehemaliger Aufständischer namens Stanislaus Kwaśniewski (Bahnhofstraße 15), der bei der Vernehmung seine Untaten eingestand, hatte einen zweiten volksdeutschen Soldaten in polnischer Uniform herausgefunden und die Menge auf ihn gehetzt. Ein

Gewehrkolben sauste auf dessen Schädel herab, daß ihm die Zähne aus dem blutenden Munde fielen und er zusammensackte. Und nun geschah etwas Unglaubliches: Weiber wurden zu Hyänen. Eine Polin namens Helena Siewicz (Schützenstraße 8) brachte einen Topf mit kochendem Wasser und goß ihn dem Deutschen über Gesicht und Körper, daß er sich in Qualen wand und stöhnte.

Aber alles das genügte den polnischen Sadisten noch nicht. Sie schleiften den wunden Körper mitten auf den Marktplatz und dann schlug alles auf den *szkieber* ein, dessen Stöhnen mit jedem Schlage leiser wurde.*** An den Mißhandlungen beteiligten sich der heute flüchtige Walenty Konieczny, der Tischler Józef Bielecki (Schloßstraße), Bronisław Kirchhof und andere. Zuletzt schlug ihm Kwaśniewski mit dem Gewehrkolben den Schädel entzwei. Das war das Ende.

Am 8. September geschah noch ein dritter Mord an einem volksdeutschen Soldaten. Es ist dies die bisher am wenigsten aufgeklärte Untat.

Hier haben wir es mit einigen der wenigen bisher bekannt gewordenen Fällen zu tun, in denen volksdeutschen Soldaten von polnischer Zivilbevölkerung ermordet wurden. Einige Täter konnten nach dem Einrücken der deutschen Truppen in Schwaningen gefaßt und überführt werden, andere sind geflüchtet. Die Untersuchungen und Fahndungen gegen noch weiter.

Diese Untaten werden ihre gerechte Sühne finden.

Bisher konnte man nur zwei Leichen von den Ermordeten auffinden. Ihre Namen aber werden wahrscheinlich für immer ein Geheimnis bleiben. Es sind 3 von den 5.400 verschollenen volksdeutschen Soldaten, die auf dem Schuldkonto jener Unterdrückungsmaschinerie stehen, die sich polnischer Staat nannte.

* * *

[***Anm. v. Dr. Kurt Lück: *Szkieber* ist ein altes polnisches Schimpfwort auf die Deutschen. Es bedeutet soviel wie "verweste Hundeleiche". Bekanntlich nennen die Polen uns ganz allgemein "die hundeblütigen Deutschen" (*psiekrwie Niemcy*).]

17

Eine polnische Kompanie
mordet 30 Deutsche

Eidesstattliche Erklärung eines Nationalpolen

Posen, den 11. März 1940

Ich, **Paweł Pawliczak,** geboren am 18. 10. 1912 in Köln a. Rh. als Kind polnischer Eltern, jetzt wohnhaft in Deutsch-Gabel. Kr. Wollstein, erkläre an Eides Statt folgendes:

Ich diente im September 1939 im polnischen Heere, und zwar im Inf.-Rgt. 58, 9. Ersatzkompanie, und machte den Feldzug mit. In unserer Kompanie waren ungefähr 30 Volksdeutsche. In der Nähe von Kutno wurden in einem Dorf, das wohl Strzelce hieß, 5 volksdeutsche Soldaten auf Befehl unserer Offiziere erschossen. Hetzer in unseren Reihen hatten das Gerücht verbreitet, daß die deutschen Soldaten unserer Kompanie nachts Spionage treiben. Ich habe die Erschießung mit eigenen Augen mit angesehen. Die Deutschen mußten beim Stehen kehrtmachen und wurden dann von hinten erschossen. Bei Lowitsch an der Warschauer Chaussee, 3 km hinter der Stadt, haben die Offiziere noch 3 oder 4 von den Deutschen unserer Kompanie erschießen lassen. Es war auf einer Wiese. Sie wurden wieder von hinten erschossen. Wenn diese Deutschen etwas zur Rechtfertigung sagen wollten, schrie der Offizier sie an *"trzymaj pysk"* (Halt die Schnauze). Die Schüsse gingen immer in den Rücken, doch haben sich die Erschossenen alle hinterher noch bewegt. Auf dem Rückmarsche nach Warschau wurden dann noch weitere Deutsche aus unserer Truppe erschossen. Zusammen mögen es ungefähr 20 gewesen sein. Ich war bei allen Erschießungen Augenzeuge, doch wurde ich selbst nie zum Erschießen abkommandiert. Untersuchungen und Standgerichte haben nicht stattgefunden. *"Co szwab, to szpieg, nie potrzebuje życ",* das heißt: "Wer ein Deutscher ist, ist ein Spion und braucht nicht zu leben", das war die Begründung für die Erschießung. Ich habe auch mit eigenen Augen gesehen, wie denjenigen deutschen Soldaten unserer Kompanie, die den Tod ihrer Kameraden mit ansahen, die Tränen in die Augen kamen und sie sehr verzweifelt waren. Von den Erschossenen aber hat kein einziger vorher um Gnade gebeten. Ich selbst weiß, daß in Wirklichkeit keiner von den Deutschen etwas gegen Polen getan hat. Sie waren vollkommen unschuldig.

Ferner hat unsere Truppe auf dem Marsche regelmäßig jeden Deutschen erschossen, der Zivilkleidung anhatte. Gefragt wurde nie lang. Wenn ich mich nicht irre, so sind allein von meiner Kompanie mehr als 10 solcher Zivilisten erschossen worden.

In der Nähe von Warschau habe ich mit eigenen Augen gesehen, daß vier Deutsche, ein Mann, eine Frau und zwei Kinder mit den Zungen an den Tisch genagelt waren. Wie das deutsche Dorf heißt, habe ich vergessen. Die Leute lebten. Die Hände hatten sie frei. Ich habe ferner mit eigenen Augen gesehen, daß ein Junge und ein Mädel auf dem Fußboden lagen, mit den Händen an den Fußboden genagelt. Die Angenagelten lebten. Und einen deutschen Mann hatten sie mit zusammengeketteten Handgelenken an einen Hausbalken aufgehängt. Das war auch in einem Dorf im Warschauer Gebiet. Den Namen habe ich vergessen. Ich weiß nur, daß in der Nähe zwei eiserne Flußbrücken waren. Gemacht wurde dies alles aber nicht mehr von Kollegen meiner Kompanie, sondern von einer anderen Kompanie des 58. Inf.-Rgts. Angeblich hatten die Deutschen den Eßwaren fordernden Soldaten gesagt, sie hätten auch nichts mehr zu essen. Dafür haben die Soldaten sich dann gerächt. Uns gegenüber haben sie sich damit noch gerühmt und gesagt: "Wenn da deutsche Soldaten hingekommen wären, hätten sie ihnen schon was gegeben. Und uns Polen wollten sie nichts geben. Aber denen haben wir es gegeben."

Ich erkläre, daß ich die deutsche Sprache gut beherrsche, daß mir dieser Bericht von Dr. Kurt Lück vorgelesen wurde und daß ich jederzeit bereit bin, alles vor jedem und zu jeder Zeit an Eides Statt auszusagen. Die Namen unserer Offiziere weiß ich nicht. Einer, der aus Birnbaum stammte, ist gefallen. Ich selbst bin polnischer Nationalität.

(---) Paweł Pawliczak

Ich erkläre an Eides Statt, daß mein Chauffeur, Paweł Pawliczak, die obigen Aussagen in meiner Gegenwart Herrn Dr. Lück gemacht hat und dieser sie wörtlich niedergeschrieben hat.

(---) Kaufmann Max Kutzner,
Deutsch-Gabel, Kreis Wollstein

Ich erkläre an Eides Statt, daß ich die Angaben des Paweł Pawliczak gewissenhaft niedergeschrieben habe.

(---) Dr. Kurt Lück
Posen, Carl-Hermann-Pirscher-Str. 3

Diese eidesstattliche Erklärung eines Nationalpolen, deren Original sich in der "Zentrale für die Gräber ermordeter Volksdeutscher", Posen, Kaiserring 3, befindet, bedarf keines langen Kommentars. Eine einzige polnische Kompanie hat 20 volksdeutsche Soldaten und mehr als 10 deutsche Zivilisten, möglicherweise noch nicht eingekleidete Reservisten, ermordet. Man kann sich demnach leicht vorstellen, welche und wieviele Tragödien dieser Art sich im ganzen polnischen Heere abgespielt haben müssen, über die einzig und allein polnische Augenzeugen berichten könnten.

18

Schlußwort: Über 5400 verschollene volksdeutsche Soldaten

Beim Deutschen Roten Kreuz, Berlin SW 61, Blücherplatz 2, sind bisher 4.970 volksdeutsche Soldaten der ehemaligen polnischen Armee als nicht heimgekehrt und weitere 950 als noch in Rußland befindlich angemeldet. 452 "vermißte" Soldaten wurden bisher der "Zentrale für Gräber ermordeter Volksdeutscher" (Posen, Kaiserring 3) mitgeteilt, die allerdings erst kürzlich diese Feststellungen begonnen hat. Alle hier genannten Zahlen müssen einstweilen als Anfangsziffern gelten, die bei genaueren Nachforschungen wahrscheinlich noch steigen werden. Eins steht aber fest: Nur vereinzelte der uns zugegangenen Berichte bezeugen, daß volksdeutsche Kameraden durch Geschosse der deutschen Wehrmacht gefallen sind. Die Mehrzahl spricht von Erschießungen durch das polnische Heer. Täglich laufen bei der obengenannten "Zentrale" weitere Aussagen dieser Art ein. Leopold Krüger, Lodsch, Beethovenstraße 10 II, sagt an Eides Statt unter dem 12. 2. 1940 aus, daß auf dem Sportplatz in Sochatschew ein volksdeutscher Soldat des polnischen Inf.-Rgt. 63 von einem Offizier niedergeknallt wurde. Kurt Hartfiel

(Steinholz, Kr. Bromberg) gibt die Erklärung ab, im Inf.-Rgt. 62 hätten die Polen 20 volksdeutsche Soldaten ausgesondert, mit Mänteln zugedeckt und regelrecht erschlagen. Er selbst versteckte sich, entfloh und entkam, obwohl die Polen hinter ihm herschossen. Hartfiel war auch Augenzeuge bei der Ermordung vieler volksdeutscher Zivilisten. Ein Hauptmann erschoß mit seiner Pistole u. a. einen deutschen Vater, die Mutter und 4 Kinder. Helmut Niedurny (Königshütte O.-S., Bismarckstraße 10) sah, wie seinen Freund Stefan Kunert ein polnischer Unteroffizier zum Major führte. Angeblich soll er sich günstig über Deutschland geäußert haben. Drei Soldaten führten ihn dann in unbekannter Richtung ab. Seitdem ist Kunert verschollen. Niedurny berichtet auch von der Erschießung zweier deutscher Männer, die noch Zivil anhatten. Bruno Bönning (Deutschtal, Kr. Gnesen) sah auf dem Kasernenhofe in Gnesen, wo er sich als Gefreiter stellen mußte, daß seine volksdeutschen Kameraden Spuren von Mißhandlungen an sich trugen. Er hörte eines Tages folgendes Gespräch zwischen seinem Kompanieführer und einem anderen polnischen Hauptmann: "Wollen sie mit diesen deutschen Hunden den Krieg gewinnen?" Die Antwort: "Keine Angst! In Skierniewice werden wir sie bewaffnen und bei Warschau in die vorderste Linie stellen. Wenn die Hundebrüder dann nicht vorgehen wollen, bekommen sie ihren Teil von hinten." Und dann klopfte der Kompanieführer seinen Kollegen auf die Schulter und meinte: "Seien Sie unbesorgt, von denen kommt keiner mehr nach Hause." Tatsächlich haben die Polen später 11 Volksdeutsche in einen Waggon gesperrt, doch konnten sie ihren Mordplan nicht ausführen, weil sie von deutschen Truppen umzingelt waren.

Kurt Temme (Königl. Dombrowke, Kr. Graudenz), Oberleutnant im poln. Feld-Art.-Rgt. 16, erlebte, daß in Maków bei Sk. am 27. 8. 39 ein Transport von 400 Reservisten aus Graudenz eintraf. Unter ihnen befanden sich auch 24 Volksdeutsche. Einen, der an

der schlechten Aussprache des Polnischen als Deutscher erkannt
wurde, hatten die Polen derart angepöbelt und gequält, daß er sich
auf dem Bahnhofe die Pulsader durchschnitt und in Raserei geriet.
Er wurde ins Lazarett nach Skierniewice geschafft und sollte vor
ein Kriegsgericht gestellt werden. Was aus ihm geworden ist, konnte T. nicht erfahren. T. wußte seinen Namen, hat ihn aber dann
vergessen. Er war Soldat des Art.-Rgt. 16 und bei Schwetz (Sier-
akowo?) beheimatet. - Wilhelm Glawion aus Ernstdorf wurde am
24. August 1939 nach Gnesen einberufen. Er war Meldereiter der
17. Division. Schon am 27. 8. erfolgte auf dem Marsch von Gnesen
nach Posen die Erschießung eines Soldaten deutschen Volkstums
namens Willi Scholz (Schulz?). - Sigismund Ponto (Poddembize,
Warthegau) berichtet, daß schon am 29. 9. *[Anm. d. Verlags: soll
wohl "am 29. 8." heißen]* ein polnischer Offizier zwei volksdeutsche
Soldaten in einem Walde bei Brzeziny erschoß. Am 12. 9. befand
sich seine Truppe, das 31. Inf.-Rgt., auf dem Rückzuge am Bug.
Dort forderte der Kompanieführer jeden, der "ein Schwabe" sei, auf,
vorzutreten. Ihn selbst hielt sein Unteroffizier, der ihn gut kannte,
heimlich am Ärmel fest. Es traten ungefähr 80 Mann vor. Sie wurden
alle erschossen. - Wilhelm Kaldenbach aus Moschin marschierte im
68. Inf.-Rgt. (Wreschen) Richtung Warschau. Unterwegs holte man
wiederholt Volksdeutsche aus der Truppe heraus. Was aus ihnen
geworden ist, hat er nicht erfahren können, denn keiner von ihnen
kam zurück. - Georg Josef Märker (Friedrichsgrün bei Schubin),
Soldat im 9. Pion.-Rgt. in Thorn, berichtet, daß am 11. und 12. 9.
39 volksdeutsche Soldaten in der Warschauer Zitadelle erschossen
worden sind. - Fritz Sommerfeld (Schokken, Warthegau), Soldat
der Verpflegungstruppe in Thorn, erlebte zwischen Zyrardów und
Warschau die Erschießung eines volksdeutschen Soldaten durch die
Polen. - Auf dem evang. Friedhof in Lipno liegt ein von den Polen im
dortigen Gefängnis erschossener volksdeutscher Soldat. - Traugott

Jaeger aus Antonowka bei Wladimir (Wolhynien) wurde von seinem eigenen polnischen Offizier erschossen.

Berichte dieser Art, die nun laufend eingehen, lassen die Schlußfolgerung zu, daß von den mehr als 5400 vermißten und verschollenen volksdeutschen Soldaten der größte Teil auf das Mordkonto des polnischen Heeres, dem sie angehörten, zu setzen ist. Für diese erschütternde Tatsache gibt es in der Kriegsgeschichte aller Zonen und Zeiten kaum eine Parallele. Die Polen haben also nicht nur volksdeutsche Zivilisten, sondern auch volksdeutsche Soldaten zu Tausenden niedergeknallt.

Dieses Blutopfer hat für uns Deutsche eine so hoch einzuschätzende politische und geschichtliche Bedeutung, daß weitere Nachforschungen eine völkische Pflicht ersten Ranges sind. Somit schließt dieses Buch mit der Aufforderung an alle Volksdeutschen der ehemaligen polnischen Armee, Erlebnisberichte an die "Zentrale für Gräber ermordeter Volksdeutscher", Posen, Kaiserring 3, mit genauen Angaben des Truppenteils, Ortes, Datums usw. einzusenden. Jeder Bericht muß mit der unterschriebenen Formel enden: "Ich versichere an Eides Statt, daß meine Angaben der Wahrheit entsprechen."

Weitere Bücher zu vielen, wenig bekannten Themen
zur deutschen Geschichte finden Sie bei
VersandbuchhandelScriptorium.com
sowie bei unserer Schwesterseite wintersonnenwende.com !

Wir lenken Ihr Augenmerk u. a. auf:

• Erhard Wittek: *Der Marsch nach Lowitsch*. Zentralverlag der NS-
DAP., Franz Eher Nachf. G.m.b.H., Berlin 1940. Nachdruck: Scrip-
torium, Canada 2010, 2024, print ISBN 9781998785063, eBook
ISBN 9781998785070,
sowie die englische Übersetzung:
• Erhard Wittek: *Long Night's Journey Into Day. The Death
March of Lowicz*. Scriptorium, Canada 2015, 2023, print ISBN
9781998785049, eBook ISBN 9781998785056.

• Edwin Erich Dwinger: *Der Tod in Polen. Die volksdeutsche
Passion*. Eugen Diederichs Verlag, Jena, 1940. Nachdruck: Scrip-
torium, Canada 2000, 2024, ISBN 9781998785087, eBook ISBN
9781998785094,
sowie die englische Übersetzung:
• Edwin Erich Dwinger: *Death in Poland. The Fate of the Ethnic
Germans in September 1939*. Scriptorium, Canada 2004, 2021, print
ISBN 9781777543600, eBook ISBN 9781777543617.

Es werden regelmäßig weitere Titel
in Deutsch und Englisch aufgenommen.